CARLOS MORENO

WEBS QUE SÍ VENDEN

DIFERÉNCIATE CON NEUROMARKETING

Prólogo de
Raimon Samsó

Neuroemprendedor Books

Reservados todos los derechos. Queda rigurosamente prohibida, sin la la autorización escrita de los titulares del copyright, bajo las sanciones establecidas según las leyes, la reproducción parcial o total de esta obra por cualquier medio o procedimiento, incluidos la reprografía y el tratamiento informático, así como la distribución de ejemplares mediante alquiler o préstamo público.

WEBS QUE SÍ VENDEN
Diferénciate con Neuromarketing
© Carlos Moreno 2022
All Rights Reserved
Ediciones Neuroemprendedor Books, 2022
KDP Amazon Editions
Registrado en la propiedad intelectual
Portada y diseño: Carlos Moreno
Fotografía de portada: Pexels (Junior Teixeira)

info@carlosmorenoortega.com
www.carlosmorenoortega.com
www.supermarketing.es

CARLOS MORENO

Este libro sale de mi corazón y mi mente para ti.

Índice

Prólogo

Acción, reacción y resultados — **1**

2

Amaneció la **nueva era digital** — **3**

El abismo: **mujeres y hombres** — **4**

5

Sé **muy rápido** "3,2,1"

Índice

No te enamores de **ti mismo** — 6

Si reduces **dolor emocional**, siempre ganas — 7

Tu marca es y será tu poder — 8

Tus fotografías hablan — 9

Especial extracto: "El lenguaje de la mente" — 10

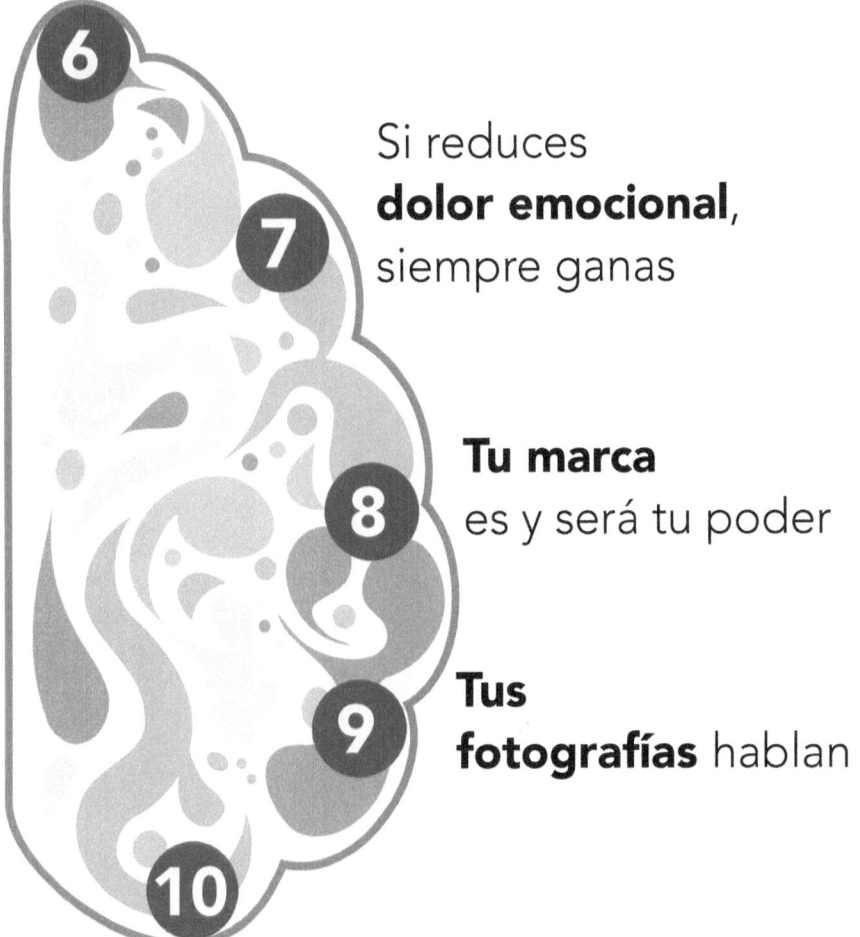

Prólogo.
Raimon Samsó.

1. Prólogo. Raimon Samsó

Conocí a Carlos Moreno hace años cuando alguien organizó una reunión de negocios y Carlos participó de forma remota a través del teléfono. Suelo fiarme de mi intuición para tomar decisiones y recuerdo que la impresión que tuve al escucharle fue: "Es la persona que estaba buscando para ocuparse de mis webs". Su discurso me cautivó.

Es un auténtico lujo conocer a profesionales de verdad, gente preparada y auténtica. Desde entonces, Carlos rehízo por completo todas mis webs y hemos emprendido juntos varios negocios. He estado impartiendo cursos con otras personas, y los que hemos hecho juntos, han sido una hermosa experiencia.

Cuando nos conocimos por teléfono, yo sabía que volveríamos a encontrarnos. Lo que no sabía entonces es que le escribiría el prólogo de este libro (espero que no sea el último que escribe).

Desde ese día hasta la fecha, Carlos ha recorrido un proceso profesional extraordinario del que he sido testigo. Los cambios que he apreciado en su profesión han sido espectaculares y merecidos. Su viaje es el de la excelencia, y él es todo un ejemplo práctico de lo que sabe y enseña. Sé muy bien lo difícil que ha sido ese proceso para Carlos en un mercado muy competido, pero él siempre ha sabido reinventarse gracias a su creatividad infinita.

A nivel particular, es un buen amigo porque en resumen él es una buena persona, tiene la cualidad más valiosa en un ser humano: la bondad. Hemos viajado juntos por trabajo, compartido infinidad de almuerzos y charlas de las que siempre aprendemos cosas. Te podría contar que es un gran artista: pinta y dibuja, compone música y la interpreta, crea webs maravillosas... todo con el toque del cielo. Su trabajo is made on el corazón.

El libro, querido lector, que sostienes en tus manos es práctico, es sencillo y valioso, es una pequeña parte de las muchas cosas que Carlos sabe y conoce bien sobre la neurociencia (que ha estudiado desde hace muchos años cuando pocos sabían qué significaba).

Te aseguro que está escrito desde la pura experiencia. Contiene muchas ideas valiosas que ilustran muy bien los principios fundamentales de la neurociencia que expone en este manual. Este es un gran libro, pero no tienes porque creerme, léelo y aplícalo: te cambiará el negocio.

Es un manual útil, lleno de consejos que puedes aplicar; y lo mejor es que funcionan. Sus propuestas son tan sencillas que tal vez alguien piense: "No puede ser que sea tan simple, no va a funcionar..." Pero, ¿alguien dijo que las soluciones a nuestros problemas deberían ser complejas? ¿O más bien lo complicado es nuestra mentalidad? Yo comparto la visión comercial que describe Carlos y ¡me funciona muy bien!

Carlos es un buen amigo, una buena persona, un gran experto en neurociencia, aplicada al marketing y al "vender sin vender" como le gusta decir a él. Si le conoces personalmente, y recuerdas su amabilidad, sabrás a qué me refiero. Todos nuestros clientes quedan encantados con su trato humano y su creatividad aplicada a los negocios.

Adéntrate en las páginas que siguen, presta atención a su lenguaje sencillo, a su estilo cercano. Prepárate un café, desconecta tu móvil, regálate tiempo, haz lo que te propone y disponte a entrar en contacto con una nueva dimensión del marketing efectivo y sin estridencias.

Gracias lector por elegir este libro, gracias Carlos por escribirlo y por ser el ejemplo real de que podemos vender más y mejor con un estilo más humano y respetuoso.

Raimon Samsó
Autor de desarrollo personal y finanzas personales.

Acción, reacción y resultados

CARLOS MORENO

Emprender no es para todo el mundo.

Felicidades valiente.

Me alegra mucho compartir contigo un mensaje de esperanza en tiempos complicados y revueltos, un escrito inicial de fuerza que sale de mi corazón.

Quiero felicitarte por tu valentía, ser emprendedor no es nada fácil. Es un mundo paralelo donde los más fuertes siguen adelante y los más débiles aprenden de la experiencia. El emprendimiento esculpe tu alma, conformando tu vida y tu pasión.

Pienso que todos los seres humanos somos seres completos y plenos, un todo iluminado limitado por un ego muy grande, amigo íntimo del miedo, que en muchos casos boicotea nuestros planes, sueños o proyectos. Mi mensaje es que nada es lo suficientemente malo como para interrumpir o paralizar lo que has venido a hacer a este mundo.

Eres abundancia, lo eres todo, magia divina y si me apuras un milagro de este planeta. Como te escribía al inicio, estos mensajes son para ti, un escrito de ánimo y energía para que tomes acción duradera en el tiempo y así crear una reacción que seguro obtendrá un resultado. Con este libro espero poder poner mi granito de arena en esa tarea.

No cometas el error de pensar que eres menos que los demás, que no puedes, que no vales... No te creas esas mentiras autoimpuestas y **guíate por tu corazón, con 40.000 neuronas** es un órgano más que inteligente que pondera tu mente y tu cuerpo.

En los tiempos que vivimos, todo parece más complicado, crisis, estrés, miedos... pero, aunque pueda parecer extraño, todo es un estado mental, dirigido y orquestado por unas

2. Acción, reacción y resultados

creencias que crean un foco y si este foco es continuado en el tiempo, este mismo conformará una realidad, tu realidad.

Las diferencias en la percepción son muy acusadas entre países incluso entre seres humanos, por ejemplo, la muerte sin ir más lejos, para algunas culturas es algo positivo y para otras algo muy negativo. El fracaso para algunos emprendedores puede ser sinónimo de muerte y para otros, sinónimo de experiencia y motivación. Por eso te indicaba que todo es un estado mental, nada existe hasta que tú decides que existe.

Los resultados que anhelas están a la vuelta de la esquina, sé disciplinado y perseverante, aunque el camino sea arduo, encontrarás resultados extraordinarios. Es hora de activar tu onda expansiva y derribar todas las barreras psicológicas que tú mismo te impones.

No pienses que mi historia a sido fácil y sencilla, los que me conocen saben los chaparrones y tormentas que he tenido que lidiar y vencer, pero aquí estoy bendiciendo mis errores y poniéndome siempre en acción con más fuerza y experiencia.

Solamente pueden ser persistentes los que se aman a sí mismos, es un acto de amor reflejado en esa constancia, concentra tu atención en tus metas y no te pares por mucho viento que haga en tu contra. No dejes de avanzar porque tarde o temprano llegarás donde te propones, todo es cuestión de acción continuada.

Acción, acción y acción, una palabra cortita, fácil de entender, pero muy difícil de llevar a cabo, ya que muchos emprendedores abandonan y se quedan en la antesala del éxito.

2. Acción, reacción y resultados

Recuerda que el agua de un río es vida, precisamente por su constante movimiento y acción.

Te envío luz a través de este libro para iluminar tus sueños, tu proyecto, pero sobre todo, para avivar el alma de tu activo digital, tu página web. Una web con corazón y mente.

"Así como el hierro se oxida por falta de uso, también la inactividad destruye el intelecto."
Leonardo Da Vinci

3

**Amaneció
una nueva
era digital**

CARLOS MORENO

Olvídate de vender.

La venta es un acto de amor.

3. Amaneció la nueva era digital

En los negocios online, en las relaciones, incluso en la vida misma... hay que tomar consciencia y determinar cuándo y cómo se debe actuar para mejorar, transformarse y dar ese paso que lo cambia todo. Incluso sobrevivir en una realidad que se transforma de forma constante, muy rápidamente y además no es amiga de nadie.

Querido emprendedor, soy carlosmorenoortega.com y aprovecho de nuevo para darte las gracias por tu compromiso de mejora y sentir que puedes hacer algo más para llegar a tus metas y objetivos, tanto empresariales como personales, siempre de manera consciente, transparente y honesta. Mi intención es que la lectura de este libro lo haga posible y te enfoque hacia la mejora continua de lo que considero el núcleo de cualquier proyecto online tal y como vas a descubrir. Te voy a enseñar mis técnicas, mis métodos, mis sistemas y mis resultados de éxito.

¿Y qué pieza crees que podría ser una de las más importantes en tu negocio o empresa?

Por mis consultorías y mentorías han pasado miles de negocios entre empresas, emprendedores y multinacionales y es que 26 años en el mundo del marketing emocional y 10 años como experto en neuroventa y neuromarketing dan para mucho.

Además, las páginas web ganadoras que realizamos vienen avaladas por un gran Big data de conocimiento, gracias a laboratorios científicos con los que colaboramos y cientos de pruebas psicológicas que realizamos. Todo nuestro trabajo lo orientamos a todo tipo de público, desde emprendedores, escritores, speakers internacionales, multinacionales o personas que comienzan desde cero su emprendimiento.

Pero este libro no va de mí, ya tendremos tiempo durante el mismo para que puedas conocerme un poquito mejor, para eso te he dejado mi página web. Este libro va sobre ti, sobre tu proyecto, va sobre la mejora continuada para construir un futuro brillante que quizá ahora duerme plácidamente a la vuelta de la esquina a la espera de ser activado y puesto en marcha.

Ahora sí, con un redoble de tambor y varios instrumentos de viento y metal sonando al unísono, inserta en tu mente lo que considero la herramienta de transformación y resultados más valiosa de un negocio, eje de este libro que sostienes en tus manos y el alma de cualquier proyecto digital:

TU PÁGINA WEB CON CORAZÓN Y MENTE

Quiero explicarte antes y para que no haya confusiones que una web ganadora no te sacará de una situación económica comprometida de la noche a la mañana o por arte de magia, emprender es un deporte de alto riesgo y hacer marketing también lo es. No todo el mundo está preparado para ser emprendedor como no todo el mundo está dispuesto a hacer lo que hay que hacer en el momento que tiene que hacerlo.

Cuando tienes en tu poder una web imparable todo es más fácil y sencillo para conseguir los objetivos que anhelas, pero ojo, ten en cuenta que el recorrido no es nada sencillo, como casi todo en la vida, requiere de esfuerzo, conocimiento, constancia, acción y sobre todo difusión, ya que puedes tener la tienda más bonita del mundo, pero si nadie la puede ver, es una tienda en un desierto.

3. Amaneció la nueva era digital

No hay tiempo que perder, necesitas saber lo antes posible si este libro es para ti o no. Por eso te he preparado algunas preguntas. Si te identificas con alguna de ellas, felicidades, tienes entre tus manos el libro correcto ahorrándote muchas horas de prueba y error, pero sobre todo mucho dinero. Si no te identificas con ninguna o con casi ninguna, este libro sencillamente no es para ti. Mi intención siempre será ahorrarte energía.

Aquí las tienes:

- ¿Necesitas emocionar y comunicar en tu página web de una manera honesta, pero, no sabes cómo hacerlo?
- ¿Hace tiempo que posees tu página web y no obtienes los resultados que necesitas?
- ¿Tienes una página web destartalada u obsoleta y sientes que puedes mejorarla, transformarla y catapultarla al siguiente nivel?
- Ves que tu página web no es tu espejo, no te sientes reflejado.
- ¿Quieres tener todo el conocimiento sobre las últimas tendencias, técnicas, trucos… en neuromarketing que podrían transformar tu página web para siempre?
- ¿Estás creando un nuevo proyecto y necesitas comenzar con buen pie, de forma efectiva y persuasiva?
- ¿Sientes que tus competidores te adelantaron con sus páginas web y activos digitales?

Ahora que ya sabes si este libro es el adecuado, prosigamos sin más dilación.

3. Amaneció la nueva era digital

Hoy día existe una verdad latente a la vez que inquietante exponiéndose sin medida alguna en los medios de publicidad y comunicación digital, seguramente ya lo estás apreciando y observando en tu día a día. Y es que parece que la venta se sintetice en solo VENDER, VENDER Y VENDER, en QUIERO TU DINERO POR ENCIMA DE TODO…

En el día a día veo cientos de anuncios en Facebook, YouTube, Google… con frases enlatadas, sin vida y aprendidas como moldes carentes de experiencia, verdad y compromiso. La forma de hacer publicidad y marketing se ha convertido en un show aburrido barriendo siempre para el mismo lado, sobre todo en el mundo online. ¿Tú qué opinas?

Por este motivo quiero comunicarte algo importante para que lo tengas en cuenta a partir de ahora: **Olvídate de vender**, hay otro camino mucho mejor, y ese es **vender sin vender, ayudar sin esperar, servir a los demás con pasión y amor**. Me encantaría que tengas la oportunidad de emocionar y generar sentimientos a tu público objetivo a través de ese espejo "tu web" que refleja lo que eres y como eres. Comenzar un cambio profundo desde ese núcleo y contribuir con tu ayuda a mejorar la vida de las personas que así lo necesiten. Todo esto es posible y vamos a hacerlo posible, te lo aseguro.

Quizá eres de los que se refugia en pensamientos nocivos que ofrecen seguridad ilusoria y volátil como creer que tener una página web hecha de cualquier manera y sin justificación en sus elementos, formas, mensajes, colores, fotografías… ya es suficiente. O que un amigo "aficionado" te puede hacer una web gratis que genere los resultados que sueñas. O tal vez consideres que gastar tu dinero en un servicio lowcost es invertir. Existe una gran diferencia entre invertir y gastar, te lo

3. Amaneció la nueva era digital

aseguro. Gastar dinero lo hace todo el mundo y es fácil, pero invertir lo hacen muy pocos, requiere de perspicacia, inteligencia, compromiso, exigencia…

Me gustaría que tuvieses la claridad y consciencia suficiente como para entender que existe una grandísima diferencia entre una página web al uso y una página web con corazón y mente, la primera es la que tienes como escaparate sin mucho sentido y justificación en sus elementos, sin estudios que avalen sus resultados y finalmente sin ventas aunque inviertas en publicidad… La segunda es la que se convierte en tu aliada, e invirtiendo en publicidad inteligente para difundirla, se transforme en el mejor comercial que puedas imaginar para tu negocio, cerrando ventas, seduciendo, persuadiendo y ofreciéndote alegrías de forma continuada, incluso si haces acciones offline, ella siempre estará trabajando para ti.

Cuando generas curiosidad al mundo, el mundo acaba comprándote y para ello necesitas una casa, un templo, un espacio sagrado rebosante de vida donde atender a esa multitud. Es tu esencia… es tu página web, donde tu público se informará, comprará, aprenderá, te seguirá… Tu página web se convierte en una herramienta para convencer y tu proyecto se convierte en el protagonista de la historia.

Cuando llegamos al corazón del cliente se produce una chispa que genera emociones en base a una carencia subjetiva e inconsciente existente. Ese es precisamente el núcleo de una página web correctamente trabajada. Lo entenderás mejor muy pronto.

Quiero expresarte aquí varios puntos muy importantes que me encuentro en la mentalidad de algunos emprendedores y compartirlos contigo te ayudará a avanzar con más garantías ya que no conocerlos acotan las posibilidades de éxito y en muchos casos apagan el entusiasmo del corazón.

• Algunos emprendedores piensan que teniendo una página web ganadora ya no habrá que hacer nada más, apareciendo las ventas del cielo y sin esfuerzo, y esto querido amigo es un gran error. Todo en la vida requiere de acción para generar reacción y en los negocios online te puedo asegurar que tiene mucho peso, de lo contrario tendrás una gran y bonita tienda en pleno desierto como te decía antes. Si no agitas tu página web, inviertes en buenos profesionales que den cobertura a tu publicidad, si no tienes claro tu horizonte, si no muestras al mundo tu activo digital, si no tienes un buen embudo de ventas e inviertes de forma inteligente, difícilmente se producirán los cometidos que anhelas.

• También muchas personas opinan que no vender enseguida es un fracaso aun teniendo una web ganadora y esto también es un gran error. Una web con corazón y mente puede vender sin que te percates de ello. Imagina que finalizas una charla, conferencia, negociación… y tu cliente objetivo se queda con ciertas dudas antes de dar el paso definitivo, con los días visita tu página web y es en ese preciso momento donde la micro influencia psicológica actúa, donde la persuasión convence y donde tu integridad como marca genera la magia necesaria para que se produzca lo que anhelas, fíjate que la venta se produce días, semanas, incluso meses después de esa charla.

• Me encuentro que la mayoría de emprendedores no le otorga importancia a la formación de calidad, formarse en páginas web, marketing, ventas o neuromarketing es vital para

3. Amaneció la nueva era digital

avanzar, te permite verlo todo desde otro prisma. Recuerda siempre, aprende para vender y por favor no vendas sin haber aprendido antes.

• Quiero que entiendas también la diferencia entre persuadir y manipular, la manipulación se basa en un engaño para dirigir a una persona a una acción concreta, la persuasión es convencer a alguien que tu producto o servicio puede ayudarle, siempre desde la **honestidad y la ética**, jamás desde la mentira y la invención.

• Por último y siempre que te sea posible, da, da y da sin esperar nada a cambio. La mayoría espera milagros sin dar nada antes. Te lo repito: dar sin esperar nada a cambio. El significado de estas palabras se nos olvida con mucha frecuencia. Lo que das, más tarde seguramente lo recibas, es una ley universal y es cuando la reciprocidad se pone en funcionamiento y la magia sale a relucir. Conecta con tu cliente siempre que te sea posible y ayúdalo con pasión, aunque incluso sepas que no va a consumir tu producto, no importa, ayúdalo. Ofrece al mundo contenidos relevantes y mejora la vida de muchas personas. **Sirve con amor**, crea una comunidad en torno a tus valores y coherencia.

Al igual que una planta necesita unos cuidados para florecer y dar lo mejor de sí, una página web sin riego ni cuidados será un elemento frío y sin corazón de cara a tu cliente potencial. En mi carrera profesional me topo constantemente con emprendedores, incluyendo multinacionales y pymes que no dan ninguna importancia a sus páginas web, las tienen secas, muertas, sin vida y a la deriva, es el denominador común. Además, con muchos errores de base tanto en diseño como en programación e indudablemente sin estudios previos,

¿realmente crees que se puede vender así? Yo creo que no.

"No conseguirás conmover otros corazones si del corazón nada te sale."
Goethe

Si te sientes identificado con lo que estás leyendo, me alegro, porque este libro lo he creado con la intención de que tengas una gran guía para descubrir, preparar, transformar y catapultar tu página web al siguiente nivel. ¿Cómo? La emoción lo es todo, hoy día ya no compramos servicios, ni tan siquiera productos, compramos experiencias, valores, confianza, conexión... **compramos MARCA**.

Y precisamente la conexión y emoción requiere un marketing más consciente y humano. Por esa razón me gustaría que las palabras neuromarketing y neuroventa comiencen a ser familiares para ti, ya que hace años me di cuenta que esas palabras y todo lo que conllevan apuntaban a hacer las cosas diferentes para obtener resultados diferentes siempre a través de dos anclajes: la emoción y la conexión. Ese es precisamente **el presente del marketing y la publicidad, conectar y emocionar para generar confianza y ventas.**

Cómo dice un gran amigo mío, **Jürgen Klaric** *"Vender sin vender es la nueva forma de vender"*.

El neuromarketing es una herramienta que bien utilizada se convierte en el complemento perfecto de una nueva economía. Permite entender cuáles son los estímulos que se presentan a la hora de ver un producto, imagen, olor, sabor, marca... ayudando a predecir lo que el cerebro del consumidor está pensando y así satisfacer sus necesidades.

3. Amaneció la nueva era digital

La palabra "neuromarketing" fue acuñada por Smidts A. (2002), cuyo término fue utilizado para referirse a las "técnicas de investigación de los mecanismos cerebrales en la mente del consumidor para mejorar las estrategias de marketing".

Yo personalmente en mis conferencias y charlas siempre hago una distinción importante y esa es dividir el neuromarketing en dos vertientes, por un lado, un neuromarketing científico que surge directamente de la neurociencia, laboratorio y aparatología médica para anticipar resultados, medir y conocer las emociones. Algunas de estas técnicas científicas llevadas a través de aparatología sofisticada son la encefalografía (EEG), la resonancia magnética funcional (RMF), el seguimiento ocular, la respuesta galvánica de la piel, etc. Y la otra vertiente es más psicológica e instintiva, como podrían ser las técnicas persuasivas y de micro influencia psicológica, técnicas de PNL, psicología del consumidor, etc.

El Dr. Néstor Braidot (2015) ya define el neuromarketing como una disciplina avanzada, que investiga y estudia los procesos cerebrales que explican la conducta y la toma de decisiones de las personas en el campo de acción del marketing tradicional: inteligencia de mercado, diseños de productos y servicios, comunicaciones, precios, construcción de la marca, posicionamiento, mercado objetivo, canales y ventas. Existiendo esa relación entre neurociencia y marketing.

Para que entiendas la sutil conexión que existe entre el inconsciente y el consciente te voy a explicar de forma breve un experimento que llevó a cabo el Dr. Braidot (2015) aplicando técnicas de neuroimágenes en una tomografía. Descubrieron que los coches deportivos activan un punto del cerebro que normalmente es estimulado por el alcohol y el sexo, además

3. Amaneció la nueva era digital

las luces del coche en forma de ojos se posicionan de la misma manera y generan actividad cerebral en el área del reconocimiento de rostros, esto explica luego la relación coche-mujer en publicidad.

Por ejemplo un anuncio repetido con un rostro de una mujer bella, actúa como reforzador de la memoria visual y activa el sistema de recompensa del cerebro. Los resultados de activación cerebral más predominantes fueron el Ferrari 360 Modena, el BMW z8 y el Mercedes Benz SLR.

Sin ir más lejos, hace unas semanas me pasó una cosa curiosa que arroja también luz sobre **el inconsciente y como actúa este mismo en nuestra realidad**, transformándola sin que nos percatemos de ello. Estaba viendo un programa en Internet donde el presentador viajaba a Turquía y visitaba una gruta enorme, mientras lo explicaba iban saliendo imágenes que representaban a la sociedad turca y su cultura, como los minaretes, palacios, mezquitas, su gente, gastronomía… todo ello acompañado de una música muy acorde a las imágenes y cultura. El presentador iba a visitar una red subterránea de pasadizos y cavidades con más de 80 metros de profundidad con más de 20 niveles o pisos. Cuando terminé de ver el programa, a los 10 minutos aproximadamente comenzó en mi mente y de forma abrupta a circular la música de la película de Aladdín. No había manera de que se me fuese de la cabeza, era como un bucle, al principio no pensé en nada, pero, al poco tiempo me percaté de la relación que hizo mi cerebro con todo lo que había visto hacía un instante y el porqué estaba cantando internamente esa canción, lo que vi en el programa activó de forma inconsciente marcadores somáticos concretos como por ejemplo: PASADIZOS, CULTURA, ARENA, GENTE… y eso suscitó emociones concretas, lo que activó en mi base de

3. Amaneció la nueva era digital

datos cerebral una música acorde a todo ello, todo de forma automática e inconsciente. Gran palabra: inconsciente.

¿Por qué el ser humano se gasta casi mil euros en un móvil Iphone de última generación, cuando por menos de la mitad disponemos de móviles de alta gama que hacen exactamente lo mismo, incluso son más versátiles y rápidos? ¿Crees que despilfarramos nuestro dinero porque nos encanta derrocharlo comprando un Iphone? Indudablemente que no, lo primero que he de decirte que toda compra se produce para reducir miedos y dentro de este primer marco compramos porque la marca Apple nos transmite unos valores concretos con los cuales nos identificamos, además de mitigar nuestros miedos inconscientes y emocionales.

Lo que buscamos en realidad es vivir una experiencia con el producto comprado, ya sea adquiriéndolo, usándolo, oliéndolo o incluso abriendo la caja de ese nuevo móvil. Se produce una integridad armoniosa y un baile seductor, por un momento somos y sentimos los valores de una marca que conectan con los nuestros.

Te ponen y te pones una etiqueta que te marca entre la comunidad reducida, avanzada, especial y diferente que utiliza un Iphone. Eso le encanta a nuestro cerebro. Soy diferente y por eso compro productos diferentes. ¿Ves la relación psicológica e inconsciente?

"El corazón tiene razones que la razón no entiende."
Blaise Pascal.

Recuérdalo siempre, el acelerador en una compra es la emoción y el inconsciente, en cambio la razón y el consciente son el freno. Toda página web con corazón y mente debe ir dirigida hacia la zona límbica y reptiliana "emoción e inconsciente". Precisamente eso es lo que hace Apple entre otras muchas cosas, ¿te vas dando cuenta de cómo nos dejamos persuadir?

He querido avanzarte una pequeña pincelada para no abrumarte, ya que como te explicaba antes, emprender es sinónimo de alta tensión, el marketing y el neuromarketing pueden ser arrolladores y sobre todo en la era que vivimos, la etapa de la información ilimitada a golpe de clic.

Por esa razón es posible que puedas estar pensando que todo esto te viene grande, que no tienes experiencia en ventas, que no tienes tiempo, que no tienes dinero, que se te hace un mundo cambiar tu web... y un bla, bla, bla incansable de excusas donde tu ego quizá te dice: no te pongas en marcha porque se está muy bien donde estás, para que complicarse la vida cuando puedes ver el paisaje desde el trono de la tranquilidad, donde nada nuevo ocurre, donde no existe el avance, además no hay sorpresas ni problemas. ¿Para qué dar un paso adelante, cuando estás bien en tu zona de confort? ¿Verdad? Rompe tus paradigmas mentales, volatilízalos, abre tu mente y ponte en acción, porque sin acción no habrá nunca reacción y sin reacción no se producirán los resultados que quieres para ese futuro que anhelas. Te lo he repetido ya en varias ocasiones a lo largo de tu lectura y lo hago como mera exposición, una técnica persuasiva de repetición controlada. Así es de sencillo y complejo a la vez.

Quiero que seas consciente que tu página web es la que se encargará de contar tu historia emocional, seducir, persuadir y convencer a tu futuro cliente de que eres la empresa,

3. Amaneció la nueva era digital

persona... indicada y más idónea para solucionar sus problemas a través de la valía, antídotos, experiencia, servicios, productos, prueba social... que muestres en la misma.

Tu página web es tu espejo, si miro tu web debería verte a ti, como empresa, como persona, como profesional, como multinacional... hoy día todo el mundo se conectará a la misma para saber más. Comprar o no comprar, contratar o no contratar, comparar o decidir, todo se juega en casa, es decir, en tu web ganadora.

El proyecto que tienes ahora mismo en tu mente, seguro que es tu proyecto ganador y estoy convencido de ello, así que es hora de salir de tu zona de confort porque amaneció una nueva era digital y no puedes quedarte dormido. Ya me encargaré de ponerte un despertador.

"No podemos convertirnos en lo que queremos ser, permaneciendo en lo que somos".
Max DePree

El abismo:
Mujeres
y hombres

CARLOS MORENO

¿A quién tienes delante?

¿Hombre o mujer? Actúa en consecuencia.

4. El abismo: Mujeres y hombres

Como buen emprendedor que eres, te habrás dado cuenta de que existen diferencias notables entre el comportamiento de una mujer y de un hombre a la hora de dar protagonismo a las ventas o a la persuasión, ya que ambas partes se dejan influenciar de forma muy diferente ante las mismas situaciones.

Comprender la mente de ambos sexos es imprescindible si lo que buscamos es avanzar con garantías en nuestra empresa, negocio y sobre todo en nuestra página web. En este capítulo aprenderás las técnicas y estrategias que sí funcionan a la hora de preparar el escenario de la venta y posteriormente persuadir y convencer a ambos sexos, incluso veremos como la ciencia nos ayuda en estos menesteres.

Biológicamente, existen algunas diferencias entre el cerebro de un hombre y una mujer, como por ejemplo, que el cerebro de un hombre es ligeramente más grande que el de la mujer, alrededor de un 10%, pero, que este hecho no te engañe como para pensar que ser más grande implica ser más inteligente.

Tanto mujeres como hombres tienen el mismo número de células cerebrales, solo que en las mujeres estas células están agrupadas con mayor densidad ocupando menos espacio. También la amígdala que responde a la estimulación emocional, repleta de receptores de testosterona, es más grande en hombres que en mujeres, en cambio el hipocampo responsable de la formación y la consolidación de los recuerdos, abarrotada de receptores de estrógenos, es más grande en mujeres que no en hombres. El hipocampo es donde se gesta la emoción y la memoria al igual que la empatía y la observación (Goldstein 2005; Giedd 1996). Es por eso que las mujeres expresan mucho mejor las emociones que los hombres y recuerdan más detalles de acontecimientos emocionales. Activando por completo su cerebro límbico y parte del reptiliano.

Lo que realmente diferencia a ambos sexos en sus comportamientos son las hormonas, el estado hormonal tiene enormes efectos neurológicos, produciendo la configuración de los deseos, valores, incluso la manera en que se percibe la realidad. La presencia de estas mismas se siente en cualquier etapa de la vida.

A la hora de vender y exponernos al arte noble de la venta tanto online como offline hay que tener en cuenta que los hombres y mujeres tienen diferentes sensibilidades cerebrales ante el estrés y el conflicto, las mujeres pueden recordar detalles que para un hombre quedarían totalmente desapercibidos. La estructura y química cerebral son las causantes de este hecho. Es por eso que una mujer recordará y asimilará mejor elementos visuales y colores dispares. Siempre y cuando exista un equilibrio entre lo cargante y lo que no lo es: equilibrio.

Tenemos que entender que el cerebro es un todo, hemisferio izquierdo y derecho se entrelazan, cooperan y se implican. Aunque exista esta conexión y unión, cada uno de los hemisferios se especializa y procesa la información de forma diferente.

Podemos encontrar infinidad de páginas web y libros donde se habla mucho de la conexión entre hemisferio izquierdo (hombre) y hemisferio derecho (mujer), pero este hecho no es del todo cierto, por poner un ejemplo, en las tareas de reconocimiento facial y de las expresiones, los chicos utilizan más su hemisferio derecho, mientras que las chicas hacen un

4. El abismo: Mujeres y hombres

uso del izquierdo (Everhart, Shucard, Quatrin, 2001; Fine, Semrud-Clikeman y Zhu, 2009). Estos resultados junto con estudios similares han indicado que no se puede atribuir de forma fidedigna un hemisferio a un sexo determinado. **El cerebro es un todo**, pero este hecho no excluye que una mujer y un hombre se comporten de manera dispar.

Las funciones que los hemisferios desempeñan son muy diversas mientras segundo a segundo lidian con una intensidad constante de información nueva y pasada. El lado izquierdo del cerebro comprende y reconoce las palabras, letras, números (Ellis, Ansorge y Lavidor, 2007; Ossowski y Behrmann, 2015). Evalúa todo el material que se basa en hechos, percibiendo el procesamiento visual, detectando el tiempo y la secuencia. También lleva a cabo operaciones aritméticas sencillas (Zamarian, Ischebeck y Delazer, 2009). Despierta la atención, ocupándose de los estímulos externos y es el encargado de procesar emociones positivas como la alegría.
Lo podríamos sintetizar como el hemisferio encargado del habla, la analítica, la secuencia, el tiempo, los números, las palabras y las letras.

En cambio el hemisferio derecho es más de imágenes que no de palabras, sensible al espacio, busca patrones visuales. Interpreta el lenguaje a través del contexto (el contenido emocional, tono de voz y lenguaje corporal) más que a través de significados literales (Campbell, 2006). Es especialista en la percepción espacial, reconociendo caras y objetos. Es creativo, musical e intuitivo.

La idea de que hay personas de cerebro izquierdo y otras de cerebro derecho es un mito ampliamente extendido y estudiado. José R. Alonso (Neurobiólogo. Catedrático de la Universidad de Salamanca) pone de manifiesto que nadie puede decir si en una persona domina el cerebro izquierdo o el derecho porque no es así, la información fluye entre ambos hemisferios a través del cuerpo calloso en frecuentes viajes de ida y vuelta, y el cerebro recluta más o menos zonas, incluso en el hemisferio opuesto, según la necesidad de procesamiento.

Un ejemplo llamativo son los ajedrecistas. A la hora de identificar piezas y sus tipos de movimiento un jugador principiante usa unas regiones cerebrales ventrales en el hemisferio izquierdo, pero un gran maestro recluta zonas similares también en el hemisferio derecho, estableciendo un procesado en paralelo para la enorme habilidad que demuestra en el juego.

Hombres y mujeres emplean áreas distintas del cerebro cuando están llevando a cabo tareas afines (Ruigrok et al., 2014).

Tienes que tener en cuenta que la mujer por norma general habla tres veces más que un hombre, entre 15.000 y 20.000 palabras al día. Esto es una buena pista, ya que, si nuestro target objetivo se orienta al sexo femenino, deberás dar muchas más explicaciones, por ejemplo concretar con muchos detalles tu carta de venta online. Ofrecer en tu página web variadas opciones y explicaciones muy visuales... Puesto que este sexo se sentirá más respaldado y seguro. Esto pasa porque **las mujeres poseen una mayor densidad de neuronas en las áreas del lenguaje** (Burman, Bitan y Booth, 2008).

En cambio, el hombre es mucho más práctico, directo y simple. El sexo masculino de media no llega a las 8.000 palabras al día

4. El abismo: Mujeres y hombres

por lo que reducir textos, argumentos, explicaciones y opciones será más beneficioso. Este hecho radica en que los hombres tienen un 11% menos de neuronas que las mujeres para el lenguaje y el oído.

A los hombres se les dan mejor las tareas espaciales, como la rotación mental de objetos tridimensionales, habilidades motoras dirigidas a un objeto o el razonamiento matemático. Por eso mismo, exponer un producto en movimiento y rotación llamará mucho más la atención a un hombre que no a una mujer. (Miller y Halpern, 2014; Bailey, Littlefield y Geary, 2012).

En cambio, las mujeres obtienen mejores resultados en pruebas de velocidad perceptual, fluidez verbal, identificación de características concretas y cálculos aritméticos.

En mis agencias, uno de los cometidos y objetivos es extrapolar el neuromarketing en entornos digitales suscitando emociones y avivando posibles ventas en función del sexo. Por esa razón he escrito este capítulo en exclusiva. Recuerda siempre que la emoción es el acelerador de la compra, siendo las mujeres más emocionales que los hombres, ya que emplean una mayor porción de su sistema límbico (Baron-Cohen, 2003).

Se hizo un estudio muy interesante en la Universidad complutense de Madrid a cargo de la Dra. Alexia de la Morena que arroja luz significativa a la hora de consumir publicidad por parte de una mujer o un hombre. La medición de las señales neurofisiológicas a hombres y mujeres fueron analizadas en un estudio de neuromarketing realizado con la electroencefalografía (EEG), frecuencia cardíaca (HR) y respuesta galvánica de la piel (GSR), para conocer los efectos publicitarios y los niveles de atención, el placer, las emociones y la motivación que genera la observación de publicidad en hombres y mujeres.

Se determinó que los hombres sienten mayor placer al ver publicidad, en cualquier tipo de publicidad, bien sea en los comerciales de testimonios y sin ellos. Quiero hacer una parada imprescindible en este punto, ya que los testimonios por norma general son elementos altamente persuasivos y efectivos para aumentar las ventas. Tienes que tener en cuenta que un **testimonial es tu prueba social, es uno de los recursos más valiosos** que tienes a tu alcance para convencer y generar curiosidad. Es vital disponer de los mismos en tu página web o publicidad ya que aumentará de forma significativa el éxito de tus campañas.

Profundizando un poco más, no creas que todos los testimonios tienen el mismo impacto y posicionamiento. Hemos realizado infinidad de pruebas y análisis con mapas de calor, analytics y grabadores de sesión para determinar el comportamiento instantáneo y final de un cliente al posicionar ante el mismo un testimonio. Y hemos descubierto puntos interesantes.

Por ejemplo, si todavía no somos una marca reconocida y mostramos al cliente un testimonio hecho con un móvil de manera casera, la percepción será más creíble, pero, en cambio no estarán dispuestos a gastar mucho dinero por tu producto o servicio debido a que percibirán tu servicio o producto más lowcost. En el lado opuesto, si disponemos de testimonios de calidad, grabados con cámara y audio profesional por especialistas del sector, tus servicios y empresa serán percibidos con mayor seriedad, profesionalidad, calidad

4. El abismo: Mujeres y hombres

e indudablemente, gastarán más por tus servicios. Si somos una marca reconocida este hecho no tiene tanto impacto, ya que la marca pasa por encima incluso de la prueba social, es cuando tu marca se convierte en la prueba social.

Trabajar un testimonial como reconocimiento es muy poderoso aunque no lo único que podemos hacer para demostrar nuestra valía. Si los testimonios los tienes en vídeo, felicidades. Y si son vídeos cortos mejor aún. Las grabaciones son uno de los formatos que mejor conectan con el cerebro reptil y además se pueden utilizar en muchos soportes digitales.

Los testimoniales pueden ir insertados en muchos lugares como por ejemplo las redes sociales, avivando la interacción. También en publicidades multicanal como sería Youtube Ads, Facebook ads o similares para convencer y aumentar las ventas. Indudablemente, los podemos hacer servir en embudos de venta o mailings para filtrar de forma positiva al receptor o por ejemplo usarlos en el alma del proyecto como sería la página web.

Los testimonios en texto también funcionan muy bien, pero es un requisito imprescindible disponer siempre de la fotografía de la persona que genera la opinión o crítica. Los textos no han de ser excesivamente largos, más bien cortitos, exponiendo de manera clara, el nombre y apellidos completo.

También consiguen grandes resultados los testimonios monográficos, es decir, testimonios que focalizan toda su atención en un hecho concreto como podría ser un caso de éxito, una historia específica, una persona puntual…

Volviendo a las diferencias entre sexos, las mujeres recuerdan mejor las celebridades en los testimonios, los personajes reconocidos y las historias.

Hay que tener en cuenta que el cerebro se enamora de las historias, sobre todo de finalizarlas divagando entre la creatividad y la fantasía.

Por eso tu storytelling, es decir, tu historia personal, tu relato, cobra vital importancia en tu página web con corazón y mente, tu objetivo es enamorar a tu posible cliente. Nuestros ancestros ya lo hacían cuando contaban historias bajo un manto de estrellas a la luz del fuego. La página web en sí debería ser nuestra mejor historia, cuyo objetivo sería sincronizar literalmente el cerebro de un cliente con los mensajes que hay detrás de la misma. Tanto mujeres como hombres se verán atraídos por buenas narraciones.

Hoy día lo que más llama la atención son historias memorables, creativas, creíbles... y por favor, nunca te inventes nada, porque tarde o temprano se percatarán de tu engaño. Como ya expliqué al inicio de este libro, existe una línea muy delgada entre manipular y persuadir. Recuérdalo.

"La gente a menudo comete el error de pensar que existe una gran diferencia entre la narración de historias para el entretenimiento y la narración de historias para los negocios".
Jenn Maer, Omada Health

El investigador Charles LaCalle en un extenso ensayo determina y explica cómo se ha demostrado científicamente que las historias estimulan diferentes regiones del cerebro y cambian la forma de actuar en la vida. Es como ver una película, empatizamos tanto con lo que leemos o vemos que

4. El abismo: Mujeres y hombres

cuando un personaje corre, en nuestro cerebro se activan ciertas zonas y respondemos de forma inconsciente sin percatarnos. Cuando escuchamos una palabra como cítrico, la porción olfativa de nuestro cerebro se ilumina.

Cómo afirma mi amigo **Victor Gay Zaragoza** (escritor y experto en narrativas de marca) cuando creé su marca personal y página web "Todos tenemos una historia que da sentido a nuestra vida" y yo añado: ¿Cuál es la tuya?

Si queremos conectar nuestra historia con un público masculino deberíamos secuenciarla y transmitirla por partes muy marcadas. Si, por el contrario, queremos seducir y persuadir al femenino, deberíamos aludir a la emoción y a una narración más visual.

No podemos olvidar los colores, uno de los mayores evocadores de emoción y sentimiento. Los colores cobran un papel fundamental para ayudar a expresar emociones, sobre todo si queremos enamorar al sexo femenino. A lo largo de miles de años de nuestra historia filogenética, el hombre vivía en grupos limitados de cazadores-recolectores con división del trabajo entre los sexos. Las mujeres eran las encargadas de recolectar los alimentos, y en ese punto, era donde se agudizó su visión, captando más rango cromático y percibiendo así más colores que el hombre.

Hay más de 7 millones de colores que a simple vista no los podemos ver, la parte del ojo que cumple con la función de distinguir los colores es lo que llamamos conos, las mujeres tienen 250.000 conos y los hombres un poquito menos; las mujeres pueden ver mejor y más colores que el hombre, en cambio, el hombre puede ver mejor la profundidad de estos.

El color es "la sensación producida por los rayos luminosos que impresionan los órganos visuales y que dependen de la longitud de onda". Es un elemento subjetivo e indispensable que presenta la naturaleza y los objetos creados por el hombre, en conjunto nos ofrecen una imagen completa de la realidad. (R.A.E,2012)

El filósofo Aristóteles (384 - 322 AC) definió que todos los colores se conforman con la mezcla de cuatro colores y además otorgó un papel fundamental a la incidencia de la luz y la sombra sobre los mismos para siglos más tarde Leonardo Da Vinci (1452-1519) realizara una definición del color como propio de la materia, definiendo una escala de colores. Isaac Newton (1642-1519) estableció que la luz es color.

Es curioso observar como a lo largo de la historia, **la simbología del color** y lo que se percibe del mismo no ha cambiado tanto a día de hoy.

En la prehistoria (1.500.00aC) el primer color utilizado fue el rojo de la sangre, un color vivo y activador. A día de hoy expresa poder. En Egipto (4.000aC – 0) los colores ya tenían un gran impacto y determinaban creencias arraigadas como que el color negro simbolizaba la fecundidad, las tierras más oscuras eran las más fértiles y solemnes, del mismo modo que el cielo se ponía oscuro cuando iba a llover haciendo crecer las plantas. En la actualidad, el color negro es un color que provoca distinción, elegancia, exclusividad. El verde lo relacionaban con la salud, la juventud y la vida vegetal, color que en nuestros días se atribuye en gran medida a estos atributos. En Grecia (2.000aC – 100aC) daban mucho valor al blanco y las personas con más poder iban de ese color. En Roma (753aC – 476 dC en Europa Occidental) el color blanco

4. El abismo: Mujeres y hombres

estaba destinado a los políticos y a las personas de clase alta. En nuestro siglo, el blanco es pureza, credibilidad, cercanía, luz. ¿Ves como no ha cambiado mucho?

La cromoterapia (terapia del color) ha sido utilizada desde la antigüedad, pero no fue a finales del siglo XIX cuando Edwin D. Babbitt (1878), (científico, físico y artista) publicó su teoría global prescribiendo colores específicos para una serie de afecciones.

"El color debe ser pensado, soñado, imaginado."
(Henri Matisse)

Se han realizado infinidad de estudios científicos como los que hizo el experto en biosociología Alexander Schauss para probar que el color rosa podía reducir el pulso o la tensión arterial o Joahnnes Itten y Josef Albers demostraron que el color verde podía reducir el dolor y tolerarlo mejor.

Tanto para hombres como para mujeres, el color es un elemento esencial, y por ello es de vital importancia seleccionarlo correctamente en tu página web. Te invito a que me contactes por WhatsApp en www.carlosmorenoo.com para ayudarte a seleccionar tus colores en función de tu negocio, producto, servicio y sobre todo target o avatar, ya que la elección tiene que ser minuciosa y muy estudiada. Te espero.

"El color es vida, porque un mundo sin color se nos presenta como muerto. Los colores son las ideas primordiales, los hijos de la luz."
(Johannes Itten)

5

Sé rápido:
3,2,1...

CARLOS MORENO

Google tarda 0,1 segundos en cargar

¿Te imaginas por qué?

5. Sé rápido, 3,2,1...

Hoy día todo es inmediatez, disponemos de televisión a la carta las 24 horas del día, la emisión de canales y programas casi en bucle, información ilimitada a un golpe de clic, cambios acelerados en los mercados... Todo es muy rápido, todo es ¡ya! y si no es ya, no lo quiero.

Por eso la velocidad se debe convertir en tu mejor aliado. Un estudio reciente llevado a cabo por científicos del Massachusetts Institute of Technology (MIT), han comprobado que el cerebro humano es capaz de procesar imágenes completas en tan solo 13 milésimas de segundo. La velocidad de procesamiento del cerebro humano es extraordinaria, en un segundo cada neurona se conecta con otra unas 200 veces, eso quiere decir que registra unos 20,000,000,000,000,000 de bits de información por segundo (20 trillones de impulsos llenos de información).

A día de hoy, ninguna máquina puede imitar la complejidad del entramado y procesamiento del cerebro, ¡de momento! Porque pienso que algún día lo lograrán.

Un ejemplo de ello son los intentos de la creación de supermáquinas emulando a nuestro cerebro como la Spiking Neural Network Architecture, el mayor superordenador neuromórfico del mundo capaz de completar más de 200 millones de acciones por segundo y sigue subiendo.

Los creadores de la computadora finalmente tienen como objetivo modelar hasta mil millones de neuronas biológicas en tiempo real, pero lejos de los 100.000 millones de células cerebrales o neuronas de nuestro cerebro con aproximadamente 1 trillón de sinapsis. (1 con 15 ceros). Estas cifras pueden marear a cualquiera y precisamente te las muestro para que seas más consciente de lo que posees y del poder que tiene el cerebro humano. Espero que puedas apreciar mejor la poderosa y perfecta máquina de la que nos ha dotado la madre naturaleza.

Por esa razón la velocidad de carga de nuestra página web debe ir al unísono, siempre en esa percepción de inmediatez y consonancia. Si consigues que tu página web cargue rápidamente, no solo aumentarás el tiempo de permanencia de tus visitantes, sino también se acrecentará el número de páginas vistas por sesión y este hecho arrastrará a que el tanto por ciento de rebote disminuya y por consecuencia mejoren y afloren tus ventas.

Para ello, deshazte de plugins innecesarios, de plantillas Wordpress con muchos gadgets, de hostings baratos, de imágenes con mucho peso, de webs desactualizadas... Tú mismo notarás y comprobarás como la velocidad comienza a mejorar. Un buen proveedor de hosting es el primer paso y la base de toda web imparable para poder ganar ese impulso extra.

Encuentra una buena empresa que te proporcione un hosting de calidad y un dominio, este proveedor tiene que estar a la altura de las circunstancias.

¿Qué es una empresa de hosting y dominio? Las páginas web necesitan dos cosas para sobrevivir antes de su creación:

EL DOMINIO: es el nombre que bautizará a tu página web para siempre, como por ejemplo: www.carlosmorenoortega.com

EL HOSTING: es el espacio que alquilas para dar vida a tus

correos corporativos y además que tu página web se vea en Internet.

Como no todos los hostings funcionan igual, a la hora de contratarlo asegúrate de tener en cuenta estos puntos relevantes que te expongo:
* La empresa que contrates, tiene que ser del país en el que resides, al igual que la extensión de tu dominio (.com, .es, .mx, .it...), ya que la IP del servidor donde se aloje tu página web será del país en cuestión.
* Otro punto importante del hosting es que tenga discos SSD, que son discos muy rápidos donde la carga de tu web es ágil y veloz.
* A la hora de contratar, ten en cuenta el espacio de hosting disponible, es decir, la capacidad que tendrás a tu disposición para albergar tu página web y tus correos electrónicos, con 4GB será suficiente para comenzar.
* Es imprescindible que dispongan de un buen servicio técnico y la respuesta ante tus dudas o problemas sea prácticamente inmediata "si tiene chat online o teléfono, mejor que mejor" y si es en tu idioma, será más que perfecto.
* Y por último que sea una empresa con experiencia y bagaje.

Existen más características para tener en cuenta, pero estas que te he mostrado en la lista, son las más relevantes y fundamentales.

En esta era de la inmediatez destaco ante todo la sobresaturación de los mercados y la oferta ilimitada que existe ante una demanda cada vez más pobre, nos exponemos a diario a miles de impactos publicitarios de productos y servicios que no necesitamos. Los estudios demuestran que si aglutinamos toda la publicidad que recibimos a lo largo de nuestra vida, estaríamos 6 años de nuestra existencia, 24 horas de forma continuada recibiendo publicidad sin descanso. ¿Te imaginas lo que sería eso para tu cerebro? ¿Cómo lo percibiríamos? Cómo decía mi cliente **Borja Vilaseca** (Periodista, escritor, formador y conferenciante brillante) "No podemos cambiar lo que sucede, pero sí mirarlo de otra manera".

Graba por favor en tu mente desde este momento la siguiente frase: **AHÓRRALE ENERGÍA A TU CLIENTE**, no se la robes. Lo he puesto en mayúsculas porque no podrías imaginar y atisbar la importancia de esta frase. Grábalo en tu mente: Ahorra energía a tu cliente, ese es uno de los objetivos que tienes que fijar e implementar en tu web.

Cuando disponemos de más energía, tenemos más probabilidad de sobrevivir y precisamente eso es lo que busca incesante, tanto tu cliente objetivo como el cerebro más primitivo, sobrevivir, ya sea en entornos online como offline. ¿Cómo puedes ahorrar energía a tu cliente? Como reza el título de este capítulo, sé rápido exponiendo tu información, todo debe ser liviano y fácil de entender.

Si tuviésemos que analizar, procesar, identificar, razonar, discutir... todos los inputs publicitarios que nos llegan y esa vorágine ingente de datos fríos y sin vida, acabaríamos muy mal como especie, nos sobresaturaríamos y tendríamos muchas probabilidades, incluso de reducir nuestros años de vida, por ese motivo, los seres humanos escaneamos un párrafo de texto en vez de leerlo a conciencia, o nuestra retención en un vídeo disminuye considerablemente a medida que avanzamos por el mismo, nos aburrimos rápido y nos distraemos aún con más velocidad... Ponlo sencillo a tu avatar potencial, como dice la frase: **menos es más** (Cita atribuida al arquitecto Mies Van der Rohe), y que yo matizaría a mucho más.

En la actualidad, no hay que ser muy listo para darse cuenta de que el marketing y la publicidad se encuentran en un punto de saturación, no existen distinciones entre los productos o servicios que nos ofrecen, vale todo y hay demasiada oferta contando además que es muy similar. Hace unos años una marca de coches se diferenciaba en milisegundos, ahora cuesta saber a qué marca pertenece cada coche, ni que decir de los ordenadores o las pantallas de televisión.

¿Crees que las páginas web son una excepción?

Indudablemente que no, tu página web ganadora tiene que sobresalir en un entorno más que sobresaturado y hostil, tu objetivo tiene que enfocarse en hacer las cosas diferentes para obtener resultados diferentes, es así de sencillo. ¿Qué tiene tu negocio que no tenga tu competencia? Podríamos pensar que sería el producto, el servicio, las características, la experiencia, la calidad, la atención, pero tu cliente ya no busca eso, olvídate. **Busca que le soluciones sus problemas, busca identificar sus valores con tu marca, busca vivir una experiencia con tus productos y servicios, busca velocidad y ahorro de energía, quiere conexión, necesita confianza...**

¿Te has parado a pensar cuál es el elemento más importante y diferenciador que tienes ahora mismo a tu alcance para salir del rebaño y plasmar todo esto que te explico de forma magistral? Sí, tu página web es la respuesta, así de sencillo y obvio. Tu web con corazón y mente es la atalaya de tu marca, de tu branding... En definitiva, es tu esencia, tu espejo y el alma de tu proyecto digital. También es muy importante conocer al dedillo al cliente que posiblemente te comprará. Saber que le preocupa, que dolores emocionales tiene, que necesidad le empuja a consumir, que deseos son los precursores de su impulso emocional y que inquietudes o miedos tiene.

Todo ello, son objetivos que debes trabajar. Una vez los identificas, los desarrollas y los solucionas debes pensar en ¿qué antídotos tienes para reducir miedos y resolver problemas? Estos puntos son cruciales y debes dominarlos a la perfección.

Es posible que en este momento puedas tener ciertas dudas o inseguridades que te abordan de improvisto, quiero comunicarte que no te preocupes, aquí estoy para ayudarte y echarte una mano por WhatsApp en www.carlosmorenoortega.com, ¿ok? Definiremos y concretaremos estos puntos tan delicados y decisivos sin compromiso alguno. Yo te ayudo y si quieres ¡ahora mismo!.

Otra forma que nosotros trabajamos mucho en las agencias para aumentar energía y por consiguiente mejorar así la velocidad que percibe el cliente, es reducir opciones o servicios, me explico mejor, imaginemos que tienes 6 servicios diferentes en tu negocio como podrían ser mentoría, libros, servicios variados, algún curso y método. La lógica nos dice que exponerlos en nuestra página web sería positivo de cara a un visitante porque de esa manera tendría un surtido más amplio y posibilidades para escoger. Siento decirte que lo que vas a generar si expones todos tus servicios o productos es estrés inconsciente en el cerebro y todo lo contrario del objetivo principal que te has marcado. No reduces energía, sino todo lo contrario, por tanto, tu visitante se marchará con

5. Sé rápido, 3,2,1...

más probabilidad. Sin querer, le estás generando estrés en su cerebro porque de todo lo que ve, primero tiene que entenderlo y segundo tiene que escogerlo.

Quiero que imagines que estás sentado en la mesa de un restaurante y cuando te traen la carta ves con asombro que la carta contiene 50 platos diferentes, de los cuales, once tienen muy buena pinta y te apetecería probarlos, pero sabes que no puedes probarlos todos, tu cerebro como consumidor voraz de nuevos sabores y experiencias lo quiere todo y es en ese punto donde le privamos de la libertad de elección y experiencias generando estrés. Ni que contar si la cuenta de ese restaurante te costó 600 €. Menos es más, recuérdalo siempre.

Barry Schwartz (Psicólogo estadounidense – Universidad de Pensilvania) ya argumentó en 2004 que el hecho de ofrecer muchas opciones a un cliente crea ansiedad, generando la "parálisis de elección".

A los seres humanos les gusta tener libertad para encontrar exactamente lo que están buscando, pero, esto es, a menudo, imposible de conseguir, ya que siempre hay un nuevo y mejor producto a la vuelta de la esquina. Hay tanto de todo a un golpe de clic que el proceso de elección a la hora de la compra es estresante, esto es así porque no hay nada peor para el cerebro que equivocarse o tomar una mala decisión entre tanta oferta. Es un proceso tan angustioso que muchas veces rendirse y no comprar nada es la opción más atractiva.

Lo mismo pasa con las ventajas de un producto o servicio, reducirlas mejorará tus ventas. Sé perfectamente que te gustaría que tu posible cliente las conociese todas, pero mostrar demasiada información es contraproducente. La solución es encontrar un punto ecuánime entre poca y demasiada información.

Otro punto que quiero que tengas en cuenta para mejorar la **velocidad de percepción y reducir energía** es poner lo importante antes de lo que no es tan importante, es lógica pura. Normalmente, se llega al trabajo a la mañana, se pasa mucho tiempo contestando emails y después se pasa a los proyectos relevantes. Esto es un error, hay que empezar por lo más crucial al comienzo del día, que es cuando tenemos más energía. En tu web pasa lo mismo, es precisamente en el inicio o parte alta de tu página web con corazón y mente donde debes centrar todo tu potencial, sobre todo en el banner principal y las dos secciones que anteceden al mismo.

Como te habrás percatado, la velocidad y el ahorro de energía son fundamentales, pero, que funciona mejor, ¿un contenido escrito? ¿Uno interactivo? ¿En vídeo, en imagen o en audio?

¿Cómo los interpreta el cerebro? Te avanzo que el rey del contenido es el vídeo, ya que es mucho más rápido de procesar y logra mejorar la conexión emocional. De hecho, el cerebro procesa los vídeos 30.000 veces más rápido que los textos. Visualizar un vídeo no requiere participación activa, por lo que no necesita robar tanta energía para que el cerebro lo procese. Funcionan muy bien para compartir historias, crear vínculos emocionales, aprender, conectar… es un formato que yo siempre recomendaré.

No hay que olvidar los recursos visuales como las imágenes, estas son clave, generan recuerdos y son uno de los seis estímulos que conectan con el cerebro reptiliano. No suponen un esfuerzo de procesamiento y son sencillas de interpretar.

5. Sé rápido, 3,2,1...

Los contenidos visuales te ayudan a recordar y a entender con mayor rapidez. Ya conoces el dicho 'una imagen vale más que mil palabras'.

Las imágenes se almacenan en el cerebro a largo plazo y funcionan muy bien en presentaciones, infografías, blogs..., ya que los contenidos serán más persuasivos y memorables ayudando a incrementar la atención y el interés por tu marca.

Indudablemente, el contenido en texto es también muy importante, pero redúcelo siempre que te sea posible, muchos copywriters profesionales defienden a muerte que contenidos largos son beneficiosos, es natural y lo entiendo perfectamente, no afirmo que no sean importantes, pero en cuanto a reducción de energía disponer de mucho texto es contraproducente. Cuando lees algo es porque realmente capta tu atención, pero conseguir enganchar a los usuarios por medio de textos es una técnica de engagement difícil de conseguir porque requiere un esfuerzo y actitud activa por parte del visitante.

Marcel Just, director del Centro de Imágenes Cerebrales Cognitivas en la Universidad Carnegie Mellon afirmaba: "Procesar la impresión no es algo para lo que el cerebro humano fue creado. Es muy conveniente y nos ha funcionado muy bien durante 5.000 años, pero es una invención de los seres humanos. Por el contrario, la madre naturaleza ha incorporado a nuestro cerebro nuestra capacidad de ver el mundo visual e interpretarlo."

En otras palabras, fuimos biológicamente diseñados para reaccionar ante estímulos visuales y comunicarnos a través de ellos. Es por eso que muchas veces nos llama más la atención imágenes o videos en lugar de un largo texto. Pero aun así, los textos son fundamentales cuando se trabajan correctamente, siempre y cuando haya un equilibrio en cuanto a su cantidad.

Es relevante utilizar textos para establecer relaciones poderosas entre la marca y el consumidor, para demostrar nuestros conocimientos y experiencia, también funcionan muy bien para generar confianza, compartir opiniones y reseñas a través de alguna historia memorable, pero siempre teniendo presente que menos es más.

Por último y extrapolando la velocidad a lo que es el motor de una página web con corazón y mente, te tengo que comunicar que Wordpress es sin duda la mejor opción. Wordpress es un sistema de gestión de contenidos lanzado el 27 de mayo de 2003, enfocado a la creación de cualquier tipo de página web. Yo y mi equipo hemos duplicado muchas facturaciones de clientes realizando páginas web imparables y ganadoras en todo tipo de mercados y nichos con esta tecnología. Tenemos una lista interminable de casos de éxito y es que 26 años de experiencia dan para mucho. Wordpress es rápido, versátil, intuitivo, libre y gratis, con actualizaciones continuas.

Mi consejo es que la instalación de tu Wordpress te la haga la propia empresa de hosting que contrates "normalmente este servicio es gratuito", o en su defecto, te la realice un programador si no tienes ningún tipo de conocimiento. Una vez lo tengas instalado, ¡wala!, estarás listo para aplicar neuromarketing y persuasión sin restricciones.

Es hora de enamorar, es hora de conectar y persuadir, es hora de intercambiar y ayudar al prójimo.

No te enamores de ti mismo, tu cliente te espera

CARLOS MORENO

¿Qué compra realmente tu cliente?

Despégate de tu ego.

6. No te enamores de ti mismo, tu cliente te espera

"Me gustaría ser tú, para tener un amigo como yo." De la película: El príncipe de las mareas.

En mis consultorías y mentorías en Neuroventa y páginas web observo un denominador común que se repite con mucha más frecuencia de lo que desearía y ese es el amor que tenemos los seres humanos por el yo, yo y luego yo. De alguna manera, esto es natural, nuestro cerebro reptiliano es egocentrista por naturaleza, solo pensamos en nosotros mismos, ya que este cerebro busca por encima de todo, dos cosas, la supervivencia y el confort.

Por ese motivo en los negocios y webs tendemos erróneamente a expresar que nuestro producto es el mejor, nuestra empresa es la más exitosa, nuestros logros son cuantiosos, nuestro producto tiene grandes cualidades y un bla, bla, bla que nos aleja de nuestro principal objetivo. La verdad es que reflexionamos muy poco sobre nuestro cliente y todavía menos en dar soluciones a sus necesidades reales y problemas.

Investigadores de la Universidad de Duke (Estados Unidos), de Bath (Reino Unido) y Southwest (China) han concluido que el sesgo-autoreferencial del cerebro hace a las personas egocéntricas "por naturaleza" y esto de alguna manera es obvio y natural, ya que la supervivencia de la especie depende del yo. Tobias Egner en Psychological Science, afirmaba que la gente se prioriza a sí misma en sus mentes.

Vamos a ver un ejemplo extrapolado a las ventas sobre el egocentrismo, lo entenderás muy rápidamente. Supongamos que tienes una página web e-commerce y vendes zapatos a buen precio y buena calidad, mi pregunta es ¿qué compra tu cliente en tu tienda online de zapatos? Aunque pueda parecer increíble, la respuesta obvia y normal sería comprar zapatos, pero, analicemos de forma más profunda.

Tu cliente no compra solamente zapatos, quizá busca comprar confort porque al final del día quiere sentirse aliviado y descansado, quizá busca salud al necesitar un zapato ergonómico con una plantilla flexible, estudiada y ligera. O quizá busca reconocimiento porque necesita lucirlos en una gala o evento importante y requiere sentirse especial.

Y es que, existe un abismo entre lo se vende y lo que se compra, tú vendes zapatos, pero la persona que compra quiere mucho más que zapatos. ¿Te das cuenta ahora? No se trata de ti, se trata de las necesidades de tu cliente potencial y como aportas soluciones a los problemas de este mismo.

¿En tu página web, ofreces realmente lo que necesita tu cliente? ¿Aportas soluciones a los problemas de tu visitante? Como te habrás dado cuenta, la historia no va sobre ti, ni sobre tu empresa, ni tan siquiera sobre tu producto o servicio, va sobre tu cliente potencial. Por encima de todo tienes que satisfacer sus anhelos más inconscientes, aliviar sus dolores emocionales, dar soluciones a sus problemas, generar confianza... solo así conseguirás el corazón de este y solo así convertirás tu página web en una web con corazón y mente.

Quiero que entiendas el poder de conexión que se origina cuando pensamos en los demás y ofrecemos lo que justamente necesitan, ofreciendo confort, ahorrando energía y disminuyendo sus miedos. Te quiero explicar cómo conocí al mayor divulgador de neurociencias aplicadas a las ventas y la educación, un conferencista muy exitoso e investigador

6. No te enamores de ti mismo, tu cliente te espera

incansable, en la actualidad, considerado el mejor vendedor del mundo por muchos. Estamos hablando de Jürgen Klaric, gran amigo, gran profesional y buena persona. Y todo ello gracias a aplicar esta sencilla pero poderosa manera de conectar.

Me encontraba una tarde como otra cualquiera con el equipo de trabajo dando forma a un experimento de los muchos que hemos realizado para realizar un testeo de 20 anuncios con neuromarketing y copywriting y saber cuál tenía mayor impacto. Trabajando sobre la plataforma Facebook Ads. Diez anuncios estaban orientados al sexo masculino y el resto al sexo femenino, lo que buscábamos era determinar que sexo estaba más predispuesto o mostraba más interés sobre temas de innovación, ciencia o tecnología, saber que sexo era el ganador frente a estos temas para luego cotejar los resultados complementándolos con varios canales más de publicidad pagada, ese era el objetivo principal.

A los anuncios les hicimos infinidad de modificaciones continuadas, desde cambios de color, imagen, tipografías, formas, mensajes, técnicas persuasivas, llamadas a la acción, entre otros muchos y de repente sucedió algo curioso, uno de los anuncios cuyo coste marcaba en el panel 4.67 €, llamó la atención de una persona que tenía contacto directo con Jürgen, esta persona me llamó y estuvimos hablando largo y tendido aquella tarde, sin saberlo, esa tarde sería el punto de inicio y conexión con Jürgen, de una amistad y de colaboraciones.

Todo ello sucedió porque el anuncio estaba enfocado, generaba curiosidad, no estaba pensado ni creado basándonos en lo que nosotros queríamos mostrar, sino estaba enfocado lo que creíamos que quería nuestro cliente final.

Supongo que ves la importancia del tema que estamos tratando, ¿verdad? Quiero que tomes acción, analices que dolores emocionales tiene tu cliente y pienses que solución das a esos dolores, que miedos tienes que reducir y como vas a ahorrar energía a tu avatar, no te preocupes, porque a continuación te explicaré como hacerlo.

Existe un triángulo psicológico muy claro, yo le llamo el triángulo mágico de la venta, ya que, si trabajas correctamente el mismo, los resultados positivos llegan y llegan rápido. Vamos a analizarlo más detenidamente:

AHORRAR ENERGÍA

REDUCIR MIEDOS   AMPLIAR EL CONFORT

Nuestro cerebro reptil que es el más primitivo e instintivo que tenemos, es un cerebro que siempre busca la supervivencia y el confort como te he explicado, ¿basándonos en qué? Al ahorro de energía, ya que la energía es la fuente de nuestra vida, sin energía no podríamos hacer nada y moriríamos rápidamente, por tanto, nuestro cerebro que es muy listo y automático, hace lo imposible para que ahorremos energía de forma inconsciente cada día.

Según el neurocientífico y profesor Germund Hesslow, dos estímulos producen peores resultados que uno solo. Esto parece contrario al sentido común, pero lo que indica es que el cerebro trata de ahorrar energía. En ese sentido, su colega Anders Rasmussen, otro de los científicos implicados en este

6. No te enamores de ti mismo, tu cliente te espera

estudio, ha demostrado que cuando el cerebro ha aprendido y experimentado suficientemente una determinada asociación, algunas neuronas actúan de freno al mecanismo de aprendizaje. Es decir, el cerebro olvida para ahorrar energía.

En los entornos digitales pasa exactamente lo mismo, es por eso que nuestro objetivo debería ser ahorrar energía a nuestro cliente, reducir sus posibles miedos y ofrecer confort, así de sencillo.

Vamos por partes, ¿Cómo ahorramos energía a nuestro cliente en entornos online y digitales? La respuesta a esta pregunta es simple, poniendo las cosas sencillas y livianas, te doy algunas casuísticas:

1) Imagina que eres un profesional con mucha experiencia y tienes mucho que decir y ofrecer al mundo, servicios por doquier y diversos infoproductos. Un error común es exponerlo todo con pelos y señales en nuestra página web. Lo único que conseguiremos es apelar al raciocinio que es precisamente el freno de la compra y la decisión, alejándonos del ahorro de energía. Por lo tanto, menos es más. Aunque como veremos, existen algunas excepciones.

2) Hemos creamos un vídeo corporativo de gran valor pero, ¿de cuánto tiempo? Tus vídeos corporativos no deberían ser muy largos, más bien cortitos, por favor que no sea interminable, el cerebro no está para perder tiempo ni energía. Lo más importante debe estar al inicio del mismo, debe ser concreto, un solucionador de problemas, creativo, fresco y realizado con mucha calidad. Mi vídeo presentación lo titulé: **Carlos Moreno en 20 segundos, ¿adivinas por qué?**

3) Dispón de una publicidad sin mucho texto y ruido en el diseño. Cuando me refiero al ruido, me refiero a los elementos visuales que la conforman, si tienes muchos, redúcelos, porque si no lo haces te estarás alejando de tu objetivo.

4) Tienes que conseguir transmitir en segundos a que te dedicas y que resuelves. Todo de la manera más ágil y rápida. La inmediatez es un factor clave para el ahorro de energía y tu página web con corazón y mente no puede ser menos en estos menesteres.

Prosigamos con el segundo punto del triángulo mágico de la venta, reducir miedos. El miedo es el activador o freno más importante que existe a la hora de una compra o elección. El miedo es una respuesta que activa nuestro cerebro ante una posible amenaza originando cambios en la fisiología, pensamientos y conducta.

Nunca deberíamos potenciarlo más de lo necesario y menos aún que este fuese el eje principal de nuestra campaña. El miedo que vende se convierte en la triste ilustración de una sociedad timorata, incapaz de ejercitar la libertad y potencial humano. Opino que jugar con el miedo en toda su plenitud para conseguir un fin es ruin y manipulador. Por desgracia veo algunas multinacionales y profesionales reconocidos jugar en exceso con él, precisamente para conseguir sus objetivos de venta. Tu objetivo es todo lo contrario, reducirlo. Te doy algunos ejemplos donde podemos reducir miedos:

1) Imagina que tienes a la venta un curso online. En este punto, la forma de reducir significativamente el miedo es dejar claro al cliente que le devolverás su dinero y sin preguntas en caso de que no le guste el curso o descubra que no es para él.

6. No te enamores de ti mismo, tu cliente te espera

El miedo que tiene el ser humano a equivocarse es elevado, sobre todo en el momento de la compra. Reducir ese miedo tendría que ser uno de tus objetivos principales. Tienes que hacer sentir al cliente que no va a perder nada, todo lo contrario. Por eso brindar la opción de devolver el dinero se convierte en una herramienta persuasiva muy beneficiosa para ti y sobre todo para tu negocio. Y tranquilo, porque son muy poquitas las personas que devolverán el producto si este es bueno. En cambio, tú habrás logrado disminuir el estrés psicológico y romper la resistencia inicial de compra de tu cliente potencial.

2) Imagina que tienes una plataforma para vender entradas para uno de tus eventos o cursos y dispones de diferentes modalidades de pago, fraccionándolo, etc. Este simple hecho hará disminuir el miedo, ya que será más liviano el gasto inicial, dando la oportunidad al cliente de acceder a algo que quizá de otro modo no podría, por lo que hacemos sentir libertad de elección a nivel inconsciente. Tienes que saber que no hay nada peor para el cerebro que privarle de su libertad.

3) Si creamos un embudo de venta empático y no invasivo, nos convertiremos en un amigo, en una ayuda continuada y no en un vendedor charlatán y vende humo.

4) Ofrece una garantía (sustitución, reparación, devolución, soporte…).

Abordamos el último punto del triángulo mágico de la venta y ese es ofrecer confort. Este punto también es muy relevante tenerlo en cuenta a la hora de vender, ya que como te he comentado, el cerebro reptil busca la supervivencia, pero también busca de forma continuada el confort, porque eso precisamente inyecta energía y de nuevo, la energía es la fuente de la vida.

Vamos a ver algunos ejemplos para aumentar confort:

1) Si vendes un servicio y dispones de un soporte que brinde ayuda técnica al cliente en todo momento, ya sea vía WhatsApp, chat, teléfono... originará confort y placer, aumentando la probabilidad de venta.

2) Si conseguimos que los objetivos de nuestros clientes se puedan resolver de la manera más ágil, sencilla y rápida. La inmediatez y la sencillez son factores clave para el aumento de confort y a su vez ahorran mucha energía.

3) Disponer de una atención personalizada, profesional y detallista con nuestro cliente. Buena postventa.

4) También provoca confort dividir el pago en mini pagos además de reducir miedo.

Te habrás dado cuenta de la importancia de este triángulo, espero que con todos estos ejemplos que acabas de leer los hayas entendido bien y puedas disponer de herramientas para conformar tu triángulo mágico. Ahora el siguiente paso es tomar acción e implementarlo en tu activo digital y sobre todo en tu página web. Acabas de adquirir estos conocimientos, pero si no tomas acción no sirven de nada, porque **no es tanto lo que sabes sino lo que haces con lo que sabes**, por lo que te animo a ponerte en marcha y dar ese primer paso que originará el cambio hacia los resultados que deseas y necesitas.

6. No te enamores de ti mismo, tu cliente te espera

Investiga cómo vas a implementarlo en tu página web con corazón y mente. Avanza y si necesitas ayuda, me encuentras en Whatsapp como sabes.

¡Ahora es el momento de ponerse en marcha!

**Si reduces
dolor emocional,
siempre ganas**

CARLOS MORENO

Lo que crea a una marca no es lo que vende, es la experiencia que se vive con lo que vende.

7. Si reduces dolor emocional, siempre ganas

Cómo te explicaba en los primeros capítulos del libro, la era del marketing digital cambió, sufrió una mutación importante, por lo que tu activo digital debe transformarse y adaptarse a estos cambios también. ¿Por qué? Porque si no lo haces, tu proyecto nunca podrá dar al cliente lo que este necesita y busca desesperadamente, perdiendo de este modo cuota de mercado, competitividad y lo que es peor, una posible continuidad como negocio.

"La ansiedad es la mente yendo más deprisa que la vida."
Frida Kahlo

En este capítulo vas a conocer una de las partes más valiosas para las páginas web como son los códigos reptiles y cómo implementar estos en este tipo de entornos online, de ese modo conectaremos con el malestar emocional de tu cliente reduciendo su dolor emocional, provocando necesidad subjetiva, aumentando la conexión y haciendo crecer su confianza.

Pero antes debemos entender que nuestra comunicación y página web existen por una razón y aunque te pueda parecer increíble, principalmente, no es para vender como te he explicado ya, sé que puede costarte creerlo, pero, **olvídate de vender.** No puedes fijar tu satisfacción en el resultado que deseas, debes enfocarlo en la experiencia que te otorga el viaje hacia ese resultado. Las ventas, el dinero, la fama… ese terreno material, viene de forma automática y casi sin esfuerzo, créeme.

Para mí la venta es un acto de amor entre dos personas, dar lo mejor de uno mismo para recibir lo mejor de la otra parte (y no es su dinero precisamente).

7. Si reduces dolor emocional, siempre ganas

Cuando creé mi primera SL con el escritor y conferenciante Raimon Samsó, por cierto, te animo a que lo conozcas en Youtube, una persona muy especial, mi maestro, socio y sobre todo compañero de vida, escritor reconocido y experto en consciencia y dinero, fíjate que puede parecerte que hay un abismo entre estas dos palabras "consciencia" y "dinero" pero no pueden estar más conectadas, tú mismo lo descubrirás.

Prosiguiendo, cuando creamos esta empresa de marketing emocional, no hizo falta decirlo y lo teníamos muy claro, nunca trabajaríamos por dinero, solo trabajaríamos para servir a los demás con nuestra experiencia, disfrutando del camino, nada más ni nada menos. Es un cambio de mentalidad, una ruptura de paradigmas que hace que tú y por consiguiente tu negocio os volváis más empáticos y conectados con el mundo.

Únicamente hay que mirar atrás para darse cuenta de como estamos evolucionando y adaptándonos de forma continuada a lo que se denomina el nuevo marketing y la nueva venta.

Fíjate, comenzamos en su día con el marketing 1.0 donde el producto era el rey, con muy poca oferta y muchísima demanda y sin competencia. Imagínate que panorama más perfecto para un vendedor, un sueño hecho realidad. Los productos no podían satisfacer toda la demanda que existía obligando a mejorar los procesos en la fabricación, tiempos, costes… y casi sin competencia. Guau.

Poco a poco pasamos al marketing de mercados, el denominado 2.0 donde comienza a existir competidores que tienen productos similares y la demanda comienza a igualarse con la oferta.

7. Si reduces dolor emocional, siempre ganas

Entrando en un nuevo siglo, nos encontramos con el nacimiento del marketing de clientes 3.0 donde vender ya no es tan sencillo, llega la globalización y la demanda por primera vez es inferior a la oferta, existen muchos productos similares y la competencia es feroz. La madurez de los mercados provoca la segmentación y comienzan a verse ya micro nichos, fragmentaciones específicas de mercado y producto, es decir, productos especiales para personas especiales.

En la actualidad estamos inmersos en el 4.0, el marketing de la experiencia. La mente del consumidor y los mercados están sobresaturados, prima la creatividad para salir del rebaño, hacer las cosas diferentes para obtener resultados diferentes. El cliente se ha vuelto más experto que el vendedor en muchos casos debido a la información que tiene a su alcance.

La persona que compra ni tan siquiera quiere tu producto o servicio, busca algo más que eso, por ejemplo, la confianza, sentirse diferente y bien tratado, honestidad, atención, conexión, disfrutar de la experiencia, ayuda para solucionar sus problemas, velocidad, no tener problemas... solo hay que echar un vistazo a Amazon.

Vivimos de lleno en una era digital de inmediatez y conocimiento. Quiero que seas consciente que como tú ya existen muchos, tus servicios y productos también tienen una gran competencia y no únicamente empresas o profesionales iguales que tú, también son competencia los miles de millones de resultados que nos brinda Google (blogs especializados, youtubers, vídeos, podcasts, redes...) por lo que hay que replantearse el futuro de forma inmediata ¿Qué vas a hacer ahora para cambiar esa situación? La respuesta por lo pronto es ponerse en ACCIÓN con un nuevo conocimiento que te

7. Si reduces dolor emocional, siempre ganas

estoy brindando con este libro, un reset para actualizar tu software y pasar a un siguiente nivel.

Conocer los códigos reptiles crean ese reset, te acercan mucho a tu cliente objetivo a nivel inconsciente y subjetivo, ya que de alguna manera pulsamos el botón del dolor emocional y sobre todo le damos una posible solución al problema que pueda existir, aquí está el kit de la cuestión, ofrecer soluciones aliviando miedo y ansiedad, esto hace que podamos influir de alguna manera en el comportamiento de compra de los clientes.

Pero, ¿qué es un **código reptil**? En la década de 1950, los investigadores James Papez y Paul Maclean (Maclean J.P., 1950) fueron pioneros en clasificar y descubrir que nuestro cerebro único era un conjunto de tres cerebros, el cerebro triuno. Lo que pensamos (neocórtex), lo que sentimos (límbico) y lo que hacemos (reptil), este último es el predominante en la acción de compra de tu cliente. Viene dominado por estos códigos reptil que muy pronto te voy a presentar.

Debemos comprender que para poder dar a los demás, tenemos que saber muy bien quiénes somos para plantearnos ¿Qué queremos? ¿Por qué queremos lo que queremos?

Quiero que prestes atención a estos once códigos que te voy a mostrar a continuación, ya que estos mismos, mueven a la civilización y son la base psicológica de la mayoría de acciones inconscientes que realizamos a la hora de comprar, es de vital importancia que los conozcas. La iglesia, los youtubers, la política... trabajan estos códigos correctamente teniendo un impacto contundente y aumentando sus seguidores y fidelizados por doquier. Estos códigos normalmente se

7. Si reduces dolor emocional, siempre ganas

trabajan en la neuroventa, la venta altamente eficaz, pero también tienen una aplicación muy contundente en entornos digitales como son las páginas web con corazón y mente. Hace años que aplicamos yo y mi equipo estos códigos con muchísimo éxito en infinidad de proyectos digitales con altos grados de efectividad.

Vamos a verlos y para que puedas conocerlos de forma más visual, te he preparado una imagen dibujada a mano alzada que me hicieron cuando ofrecía una conferencia en Bilbao recientemente, englobando una vista general. Posteriormente, te explicaré como implementarlos en el terreno digital.

Vamos a verlos:

Ahora que ya los conoces, seguramente te habrás percatado de la importancia que tienen debido a su potencial alcance y lo sencillo que es entenderlos, ¿Quién no ha sentido alguna vez la necesidad de tener seguridad en algún momento? ¿Reconocimiento por parte de otros? o ¿Quizá poder y dominación?

Es hora de saber cómo se pueden aplicar estos códigos a nuestras páginas web. Te lo voy a explicar en dos pasos sencillos con ejemplos. Ojo, porque este es uno de nuestros métodos más infalibles. Se pueden trabajar de muchas formas, pero te voy a enseñar la que mejor se adapta a la mayoría de negocios y proyectos.

1) SELECCIONAR TRES DE LOS ONCE CÓDIGOS REPTILES.
Lo primero que debes hacer es seleccionar tres de estos once códigos reptiles que te he presentado. Cuidado porque no hay que hacerlo a la ligera, debemos pensar que objeciones tienen nuestros clientes frente a nuestros productos y servicios, sus necesidades, sus miedos reales y en función de ello, seleccionaremos estos códigos.

Tienes que tener en cuenta que elegir tres será complicado, no es una tarea sencilla por lo que tómate tu tiempo para hacerlo. Cuando escojas uno concreto, este mismo, debe darte un **SI rotundo,** debes estar plenamente convencido de que es el correcto, ya que, de otro modo, tu estrategia y venta podría ir mal dirigida.

No te preocupes porque si tienes dudas en la elección de un código u otro, tienes mi ayuda sin compromiso, contacta conmigo vía WhatsApp y pregúntame para seleccionarlos con garantías. ¡No quiero que te equivoques! Yo mismo te atiendo.

2) SABER LOS MIEDOS Y ANHELOS QUE TIENE TU CLIENTE POTENCIAL Y CONSTRUIR EL CÓDIGO.

Debes crear en un documento de Word una lista con los posibles miedos u objeciones que podría tener tu cliente con relación a tus servicios, productos… Con esto ya tenemos la mitad del trabajo hecho. Seguidamente y en función de los miedos, tendrás que generar para cada código, un titular, una mini historia y un antídoto. Es decir, tendrías que tener en total tres titulares, tres mini historias y tres antídotos, uno por cada código seleccionado, ahora lo verás con un ejemplo.

Quiero que seas consciente y responsable, existe una gran diferencia entre manipular y persuadir, por favor, no engañes nunca a tu cliente y no te inventes nada, porque es el principio de tu fin, te lo aseguro. El inconsciente es muy silencioso, pero poderoso y jamás hay que subestimarlo. Te comento esto porque **trabajar con códigos reptiles requiere mucha responsabilidad**, ya que es un gran poder que tienes entre manos.

No hay mejor enseñanza que la de un ejemplo, ¿verdad?, vamos a ver uno, seleccionando un código y así a través del mismo puedas entender cómo se trabajan.

Vamos a imaginar que eres fotógrafo y en tu página web con corazón y mente quieres vender formación para fotógrafos a través de una membresía o un curso online que has creado. Uno de los tres códigos que deberías haber seleccionado es el PODER. Fíjate bien, que en este caso el cliente es un profesional de la fotografía que desea aprender técnicas nuevas, mejorar la calidad que tiene en la actualidad… busca PODER, es decir, sobresalir frente a su competencia gracias al curso que tú precisamente tienes para él, busca ser más competitivo en su mercado, ser más fuerte, más capaz… y el curso que tú tienes debe satisfacer de sobras sus anhelos.

Bien, ya tenemos el código fijado que es el PODER y hemos identificado el servicio: CURSO DE FOTOGRAFÍA PARA PROFESIONALES DEL SECTOR, ahora toca apuntar los posibles miedos que podría tener nuestro cliente en lo que se refiere a nuestro curso y código reptil.

Los miedos son muy variados, inconscientes y penetrantes, te voy a mostrar uno que engloba al código y a la vez al producto que tenemos entre manos. Este miedo podría ser el siguiente, a ver si lo adivinas, ¿el curso que voy a comprar, me ofrecerá alguna ventaja competitiva frente a mi competencia?, ¿me proporcionará las soluciones a las necesidades que tengo para conseguir mis objetivos?, ¿sabes de qué miedo se trata? Aunque no lo parezca, estas preguntas están muy relacionadas con un miedo vital como es la supervivencia. La ley del más fuerte, lo vemos en todas las partes del planeta, en la naturaleza, en los animales, en el ser humano… el más poderoso es el que sobrevive y los negocios no son una excepción. Fíjate que el cliente potencial busca PODER porque tiene miedo a no sobrevivir, a no prosperar, a estancarse, a quedarse atrás en un mercado que acelera muy rápido.

En este caso, si este cliente potencial no es más competitivo, no es más innovador, no aprende para mejorar…, es muy probable que pronto esté game over, porque sus adversarios quizá sí que aprendan más, sean más competitivos, dispongan de mejores técnicas con mayores conocimientos y pasen literalmente por delante como una apisonadora. La ley del más

7. Si reduces dolor emocional, siempre ganas

fuerte. ¿Ves ahora como brilla la palabra PODER?

Bien, llegó el turno de crear el titular para ese supuesto público:

NO HAY NADA PEOR PARA UN PROFESIONAL QUE ESTANCARSE.
La función que tiene en este caso el titular es crear consciencia para ayudarle a resolver un miedo magnánimo, inconsciente como es la supervivencia. No hay nada peor que quedarse atrás y no avanzar.

Ahora crearemos una mini historia que acompaña a este titular:
Hoy día cada vez es más complicado competir y sobresalir en el mundo de la fotografía. Por eso encontrar formación de calidad para avanzar, nuevos métodos para sorprender, herramientas novedosas para optimizar tu tiempo y técnicas sofisticadas de fotografía para enamorar se convierten en una necesidad y no es tarea sencilla.
La función que tiene en este caso la mini historia es avivar una realidad complicada a la vez que se muestran conceptos positivos que desea y anhela el cliente.

Por último y con esto terminamos, el antídoto:
Mis 20 años de experiencia quizá puedan ayudarte. Mira nuestros casos de éxito.
La función que tiene en este caso el antídoto es aliviar el miedo o dolor emocional que se ha generado o activado.

Como habrás comprobado, no es tan complicado, solo necesitabas una pequeña guía o ayuda.

Ahora que seguramente lo entiendes mejor, te animo a que descubras tus tres códigos y los trabajes de forma activa, te puedo asegurar que si los desarrollas correctamente habrá un antes y un después en tu negocio y página web. Has adquirido información vital así que aprovéchala.

"El único fracaso real en la vida es
no ser fiel a lo que uno sabe."
Buda

**Tu marca es
y será poderosa**

CARLOS MORENO

La marca es la que enamora y abraza el corazón del público.

8. Tu marca es y será poderosa

Según la Asociación Americana de Marketing, marca es un nombre, un término, un símbolo, un diseño, o una combinación de ellos... que identifica productos y servicios de una empresa y los diferencia de los competidores.

Una marca no es aquella que no imita a nadie, sino aquella a la que nadie puede imitar.
Andy Stalman

La primera vez que impacta una marca en el cerebro de una persona, se crea automáticamente un ancla en la memoria, sin importar donde fue vista. Puede ser en un packaging, anuncio publicitario, película... es irrelevante, a partir de ese momento, cada vez que se expone nuevamente esa marca en la memoria, esta misma se va construyendo, expandiendo, diversificando y modificando. Todo ello otorga significado y realidad.

Al igual que tienes un nombre y apellidos, tu activo digital tiene una marca que sustenta todo lo que eres y ofreces al mundo. Es vital estar bien posicionado en la mente del consumidor, por esa razón se hace indispensable tener y generar una marca, ya sea comercial o personal, la cual, te ayudará a mejorar el reconocimiento y el posicionamiento de tu negocio en un mercado o sector más que competido.

Ojo, este libro no pretende ser un manual técnico como habrás descubierto, por lo que no te preocupes porque no vas a encontrar terminologías difíciles de entender ni extensas explicaciones teóricas. Vamos a ir directos al grano, a lo importante y a lo que funciona sí o sí.

Para comenzar debes disponer lo que comúnmente se entiende por logotipo. En definitiva, un elemento identificador preparado para ser impregnado en el inconsciente de tu cliente potencial. Aunque como comprobarás a continuación, en muchas ocasiones lo interpretamos erróneamente, ya que cuando nos referimos a una marca utilizamos el término logo y no siempre es así.

"Los productos se crean en las fábricas, pero las marcas se crean y viven en la mente"
Walter Landon

Logos proviene del griego y significa: palabra. Quiero que tengas en cuenta que tu logo no se refiere ni al icono ni al símbolo, solo a las palabras, a las tipografías, como por ejemplo un LOGONAME, que es el logo formado por tu nombre y tu primer apellido, idóneo para marcas personales.

Cuando vemos un dibujito identificando a una marca, erróneamente lo fijamos como el logotipo, pero como has comprobado no es el logotipo lo que ves. ¿Y qué es entonces? Ahora mismo te lo explico.

Ese dibujito que identifica a esa marca se llama isotipo o símbolo y viene a referirse a la imagen que visualmente se intenta hacer de los valores, personalidad, carácter y principios de la marca en cuestión. Por ejemplo, un isotipo o símbolo sería el icono de Nike, donde con un solo trazo se logra transmitir movimiento, elegancia, dinamismo, fuerza... Funciona muy bien para marcas comerciales.

Y por último tendríamos el imagotipo que es la mezcla entre el logo y el isotipo, como por ejemplo lo hace Audi, los aros arriba y la palabra debajo AUDI, o Vodafone, fíjate que el texto está debajo cuando el icono o dibujito está arriba, existe una pequeña variedad llamada Isologo que es cuando el texto y el icono se funden y son inseparables como le pasa a BurgerKing o GoodYear.

Te lo he sintetizado para que conozcas lo más importante y tengas nuevos conocimientos sobre este tema, ahora es tu turno para la creación de tu insignia.

Te voy a dar tres opciones que puedes hacer servir para crear tu logotipo con garantías, la primera opción es abriendo la plataforma gratuita www.canva.com, descubrirás que no solo puedes hacer logotipos con esta plataforma online. En ella democratizan el diseño gráfico gracias a la facilidad que te brindan para diseñar sin saber diseño, sin duda, una plataforma potente y muy cómoda que te ayudará muchísimo. Otra opción es contratar a un freelance a través de la plataforma www.fiverr.com, es muy barato y para estos temas concretos de diseño o logotipo genera buenos resultados. La última opción es contratándolo a una agencia profesional de diseño como por ejemplo la nuestra "es la que mejor conozco", el trabajo quedará mucho más fino y profesional.

Independientemente de esto, con la creación de tu logotipo tienes que saber antes cómo lo interpreta nuestro cerebro. Lo hace en 4 pasos y estos pasos precisamente son los que tienes que tener en cuenta a la hora de su creación:

• **EL COLOR INCIDE EN EL CEREBRO:** sobre el color tienes muchísima información en Internet, no voy a describirte aquí que significado tiene cada color porque de forma magistral Leatrice Eiseman con su libro Armonía Cromática, una lectura imprescindible, te descubre de manera visual los pantones de color para crear diferentes atmósferas y emociones. La investigación sobre el color no es nueva. Puede remontarse a trabajos que tienen cientos de años de antigüedad. Uno de los más relevantes sigue siendo la Teoría de los colores de (Johann Wolfgang von Goethe) publicado en el 1810.

Decirte que el color es uno de los mayores evocadores de emociones y sentimientos que existe, por lo que un color u otro puede hacernos incluso aumentar la palpitación de nuestro corazón. Tienes que entender también que hay colores que acercan y colores que alejan debido a como los percibimos a través de nuestras células fotorreceptoras que tienen nuestros ojos, concretamente en nuestra retina.

"El color debe ser pensado, soñado, imaginado".
Henri Matisse

Lo creas o no, los objetos no tienen color, no existen, es nuestro cerebro que da vida cromática a los mismos. Según le explicó a la BBC el neurocientífico Beau Lotto. Las fresas y los coches de bomberos no son rojos, el cielo y el mar no son azules y la hierba obviamente no es verde.

Lo que existe es luz. La luz es lo real. Los colores expulsan la luz sobrante. El color es completamente fabricado por nuestro cerebro.

El ojo humano está conectado a través del nervio óptico a nuestro cerebro y transmite la información pertinente tanto de ida como de vuelta para luego ver los colores, lo hace posible gracias indudablemente a células sensibles a la luz como son los conos (6 millones aproximadamente) o los bastones para la oscuridad (entre 90 y 130 millones aproximadamente), es muy interesante ver un experimento que hago en mi grupo

8. Tu marca es y será poderosa

NEUROMASTERMIND por WhatsApp o Telegram donde demostramos que el color no existe como tal, me encantará enseñártelo, contáctame.

Colores cálidos o salientes como el amarillo, naranja, rojo... activan al cerebro, estos colores acercan los objetos que los contienen. Fíjate que Amazon, tiene sus botones más importantes, es decir, sus llamadas a la acción en color naranja amarillento, color de activación y un color que acerca el elemento en sí, eso hace resaltar un botón de compra frente al resto de elementos. En cambio, colores fríos o entrantes como el azul, el violeta... generan lejanía con los objetos que los contienen, con lo que relajan la vista. No es casualidad que el mar o el cielo nos den relax o que el azul sea uno de los colores más predominantes entre las marcas de las multinacionales más relevantes. A su vez es el predilecto de la mayoría de personas.

- **NUESTRO CEREBRO AGRUPA:** Lo hace de manera automática y agrupa las formas de un isotipo para simplificar y brindarnos más energía, reconociendo mejor lo que tenemos delante, no solo con los iconos o dibujitos sino con cualquier objeto. Este punto tienes que tenerlo en cuenta a la hora de diseñar tu logotipo.

Por ejemplo, el isotipo de Pepsi tiene una redondita con un color rojo arriba y un color azul debajo separado por una línea suave que corta de manera sinuosa las dos partes. Todo ello hace que nuestro cerebro a través de la agrupación reconozca sus formas y las agrupe en algunos conceptos. El color rojo situado en la parte superior, nos puede evocar al sol, al calor, al verano..., en cambio, el color azul inferior lo podríamos procesar a niveles inconscientes como el agua, el mar, un lago, la piscina, algo refrescante… y la línea cortante que los separa ayuda en la comprensión global, esto nos podría catapultar a un nivel de agrupación de: calor - verano – diversión – bebida – refrescante.

Habrás podido comprobar el poder de las agrupaciones subconscientes que hacemos no solo con un isotipo sino con miles de inputs visuales en nuestro día a día sin que seamos conscientes de ello. Imagínate lo que se puede originar en una página web.

• **ES HORA DE ASOCIAR:** Nuestro encéfalo no para de buscar patrones sobre experiencias visuales previas y encontrar así asociaciones, te daré un ejemplo donde lo vas a entender perfectamente. ¿Recuerdas el logotipo de Sony Vaio? Fíjate bien:

VA: lo asociamos a las ondas analógicas, si te fijas bien, tienen la misma forma de una onda, en cambio, IO, lo asociamos a los bits entre ceros y unos, fusionando así lo analógico con lo digital, una agrupación que pasa desapercibida a nivel consciente, pero no a nivel subconsciente e inconsciente.

• **EMOCIÓN POSITIVA:** ¿Te suena la sonrisa de McDonald? O por ejemplo, ¿Esa lata de CocaCola que lleva tu nombre impreso? Eso es emoción positiva, el propio isotipo, logotipo o imagotipo provoca una emoción positiva, identificándola automáticamente y acercándonos más a la venta.

Y es que el mundo se vuelve digital a pasos agigantados, hace unos años nos presentábamos de modo presencial e intercambiábamos tarjetas de visita, hoy día todo es digital, inmediato y global.

8. Tu marca es y será poderosa

Hace ya algún tiempo que llegó la era de los expertos para instaurarse con fuerza en el panorama laboral, el mundo necesita especialización en las diferentes áreas, personas que con su experiencia y energía iluminen el camino y solucionen con maestría los retos que se les presentan a sus clientes.

La marca personal ha evolucionado mucho durante los años, antiguamente solo algunos privilegiados podían tener una marca personal, tales como personajes públicos, personas muy reconocidas... Ahora con el mundo tecnológico, muchas personas pueden acceder a tener y disponer de su propia marca personal, mostrándose al mundo como un experto o experta y solucionando los problemas de sus clientes de forma cercana y honesta.

Y es que todos tenemos algo que contar, todos tenemos algún talento o elemento que nos hace únicos y no necesariamente debemos ser genios o cambiar el mundo para contar algo relevante, aportar o ayudar. Ser buen compañero de vida es un talento, tratar bien a los demás es un talento, cocinar bien, ser buen amigo o amiga también lo es, etc.

Me gustaría exponerte algunos términos que debes conocer y diferenciar correctamente:

[Marca]: es la parte gráfica o visual. Un símbolo o conjunto de ellos, cuyo objetivo es diferenciarse del mercado, ser diferente, único... es la mente del consumidor la que se identifica con la misma.

[Identidad digital]: es una extensión de la identidad social de la persona, y es una parte más de entre las que conforman nuestra identidad global [física, psicológica, de género,

ideológica...].

[Branding]: (impacto, legado, dejar huella...): es el proceso de creación de marca (identificación, desarrollo y mantenimiento).

[Personal Branding]: es la marca personal. Mi preferida. Tú eres tu marca y tu marca eres tú, es tu espejo.

Tenemos que tener claro que la marca personal no es algo nuevo, si nos remontamos a la historia de la humanidad han existido grandes Marcas Personales como Leonardo Da Vinci, Salvador Dalí o el mismo Bruce Lee que con sus aportaciones, carisma, intervenciones e invenciones han ayudado a cambiar el mundo y mejorarlo. Quiero que pienses que **lo que compramos hoy día son marcas, no productos**. Cuando una marca logra instaurar en la mente su valor emocional y superar al precio, la venta se asegura.

Quiero ponerte un ejemplo sencillo para que lo puedas entender. ¿Cuánto pagarías por una camiseta lisa de color blanco?, ¿1 €?, ¿quizá 3 €?, pero, ¿y si a esta misma camiseta le añadimos una serigrafía con el escudo de un equipo de fútbol de primera división? Fíjate que la percepción a nivel emocional es mayor, pero esta puede aumentar mucho más incluyendo en esta camiseta la firma de Cristiano Ronaldo. ¿Cuánto valdrá entonces esa camiseta que comenzó valiendo 1 €? Pero, ¿y si esa misma camiseta fue la que usó en su último entrenamiento Cristiano Ronaldo? En este caso el valor emocional supera al precio con creces y por muy cara que sea, habrá personas que puedan y quieran comprarla. Por eso podemos ver compras millonarias de cuadros de Van Gog entre otros muchísimos ejemplos que existen a día de hoy. Recuerda, cuando el valor emocional supera al propio precio la venta está asegurada.

8. Tu marca es y será poderosa

Porque en el cerebro la venta es emoción y esta misma es el acelerador de la compra.

Actualmente, estoy inmerso y ultimando la nueva marca de Silvia Congost, una referente en su sector, psicóloga experta en autoestima, dependencia emocional y conflictos de pareja. Ella entiende la importancia de su marca, ya que quien vende no son sus cursos, tampoco sus mentorías ni tampoco su centro, es su marca, **su marca es la que enamora y abraza el corazón de su público.**

Quiero ofrecerte una guía de consejos rápida y efectiva para que tú también puedas conquistar el corazón de tu cliente con tu marca personal y acelerar el proceso de la ascensión hacia la reputación de esta misma. Ya que llegar a tener reputación y convertirte finalmente en marca es un pasaje largo, donde se requiere mucha disciplina y acción continuada. Quiero citarte los hitos de este camino para que te hagas una idea del mismo y ver el recorrido, donde todo comienza por el autoconocimiento profundo de uno mismo. Más tarde este autoconocimiento se expresará en tu marca. Pasamos seguidamente a la estrategia, teniéndola definida en un tiempo prolongado para llegar al posicionamiento de la marca, ya que en este punto las personas comienzan a descubrirte. Luego se crea la identidad digital y percepción de la marca para seguir adelante con la comunicación entre marca y persona, esta comunicación es un lenguaje subjetivo y objetivo a la vez que lleva a la visibilidad originando entrevistas, entornos sociales, difusión por diferentes medios... para finalmente encontrar el camino de la reputación, en este punto es cuando tú y tu marca sois lo mismo, te conviertes en ella y ese hito es el más fructífero. A partir de ese momento las reglas del juego cambian, ya no buscas clientes, te vienen a buscar a ti. Como has podido leer, no es una senda sencilla y rápida, por eso he querido en base a mi dilatada experiencia aunarte una guía sencilla y efectiva de pasos contundentes con los puntos exactos de esta ascensión.

"Si le gustas a la gente te escucharán, pero si confían en ti, harán negocios contigo."
Zig Ziglar.

Así que, comenzamos por el primer eslabón para seguir ascendiendo hacia la cima.

1. PRIMERA PARADA: EL ALMA

El alma de un proyecto es tu marca personal integrada en tu página web con corazón y mente, todo es un uno. En este punto es importante buscar y encontrar un equipo profesional de expertos que creen la misma junto con tu página web ganadora, si no tienes conocimientos no la crees tú porque a nivel subjetivo puede comunicar un mensaje erróneo a tu cliente y alejarte precisamente de lo que quieres y necesitas. Si necesitas ayuda sobre este tema, avísame por WhatsApp.

Recuerda que todos tenemos una marca personal, hay que comenzar por lo básico, por los cimientos. ¿Quién eres?, ¿qué quieres? y ¿qué solucionas? Este es el triángulo mágico de tu futura marca. Así que coge lápiz y papel y comienza a definirte en base a estas tres preguntas.

Las marcas venden productos o servicios sin venderlos. Esta frase es profunda y requiere de una reflexión, ya que tu objetivo no es vender, aunque te pueda parecer raro, olvídate de vender, existe una manera mejor y esa es **vender sin vender.**

Céntrate en aportar valor, valor y valor para crear, crecer y finalmente monetizar. El valor de la marca está en la percepción que tienen tus visitantes de credibilidad, confianza y fuerza.

Tendrás una alta responsabilidad, sobre todo cuando comiences a tener una comunidad, por lo que sé coherente y honrado, no te inventes nada y siempre ten la verdad como bandera.

2. SEGUNDA PARADA: AUTOCONOCIMIENTO

Como te he explicado ya, ser emprendedor es mucho más que generar un negocio o vender servicios, es una actitud de disciplina, valentía y constancia… es en lo que te conviertes durante el emprendimiento, comienzas de una manera y terminas de otra, renovado.

Una marca exitosa se construye sobre la base de las propias fortalezas, que provienen normalmente de nuestras aficiones, pasiones, valores, experiencia, educación... que nos hacen únicos y diferentes. Debemos saber y definir qué debilidades y fortalezas poseemos, tener clara nuestra misión y visión del proyecto desde ese punto. Trabajar en producir tu marca personal es hacer que se unan tu pasión y tu genialidad. Lo que eres mejor haciendo y conocerte a ti mismo es clave para comenzar. Si piensas que puede ser complicado, existen algunas técnicas que nos pueden ayudar como preguntar a las personas más cercanas y próximas qué opinan de nosotros mismos, incluso a nuestros primeros clientes… Es lo que los profesionales del reclutamiento y el desarrollo profesional denominan la técnica de la visión 360°.

Tu personalidad o cualidades son cruciales, ya que forjarán el valor distintivo que ofreces. ¿Eres colaborativo, persistente, enfocado al futuro, visionario, intuitivo, diplomático…?

Necesitamos conocer quiénes somos desde todos los puntos de vista. Pide opinión a (tus amigos, tus clientes, tus proveedores, tus colegas de trabajo, tus seguidores en redes sociales...). Existen también las reuniones de grupo "Focus group" o incluso las encuestas de toda la vida, también funcionan muy bien. Te recuerdo que, por Facebook, Instagram, WhatsApp… se pueden realizar este tipo de encuestas de forma rápida y sencilla. Todo sirve si nos ayuda a forjar bien nuestro núcleo o atalaya de donde parte todo.

3. NO TE CENTRES EN VENDER

No me cansaré de repetirlo, no te centres en la venta, céntrate en servir con pasión a los demás y la venta te vendrá de manera automática. Me encuentro muy frecuentemente con emprendedores que fijan su actividad en el último eslabón de la cadena, la venta. Pero eso es un error, ya que **para vender hay que crear antes para luego crecer y finalmente monetizar**, siempre en ese orden. No crecerá un árbol sin haber antes plantado su semilla, pues en los negocios pasa exactamente lo mismo.

Por ese motivo el autoconocimiento es esencial. La ansiedad, frustración, miedo, inseguridad… que aparecen cuando hay pocas ventas es enorme, pero, sigue adelante con convicción, constancia y acción continuada, los resultados llegarán y solo así lidiarás y sabrás capotear con maestría la parte más negativa que te comento.

Crea mucho valor y de forma intrínseca vendrá el

8. Tu marca es y será poderosa

reconocimiento y los primeros seguidores. Poco a poco descubrirás que tu comunidad comienza a crecer, pero ojo, todo requiere de tiempo y de constancia, recuérdalo siempre, la persistencia es un grado.

La banda de Liverpool -The Beatles tardó más de 10.000 horas de concierto en vivo en el trascurso entre 1960-1962 hasta que obtuvieron su primer éxito. Si hubiesen abandonado jamás hubiésemos disfrutado de esta grandísima banda. La mejor forma de avanzar es no quedarse parado y construir tu plan de acción.

Otro punto interesante es cuando vender queda en un segundo plano, sin que el vendedor se percate de que está vendiendo y el comprador compre sin tener la percepción de que le están vendiendo. Es una mezcla entre persuasión y conexión, donde la conexión siempre es la protagonista principal, ya que sin conexión nunca habrá confianza y sin confianza jamás existirá la venta.

Vender es mucho más que eso, es una relación entre dos partes, un equilibrio entre ayuda, pasión y amor. Recuerda siempre: **CREAR, CRECER y finalmente VENDER**.

4. CUANTO MÁS DAS, MÁS RECIBES

Existe una técnica persuasiva muy poderosa que es dar para recibir debido al efecto psicológico de estar en deuda con el prójimo, la reciprocidad. Es un principio básico de la vida y la venta, ya que lo que das, en algún momento lo recibes, pero no siempre es así al 100% y en este hecho está la fuerza de este principio. Lo más importante es dar sin esperar nada a cambio, de forma genuina, no esperes, solo da con pasión, energía y conocimiento. Busca que los demás mejoren y centra tu marca personal en un win&win, todos ganan por igual, ya que con el tiempo este hecho será tu mejor reputación para que todas las puertas se te abran.

La marca personal es una gran responsabilidad y detrás de la misma debe existir la pasión, la pasión que nos abre al mundo ¿Qué cosas harías aunque no te pagaran? ¿Incluso durante años?... eso es dar para luego recibir, yo siempre tengo muy presente que para recibir, hay que crear para luego crecer y finalmente recibir. El problema es que muchos emprendedores comienzan o se enfocan en recibir sin haber producido o crecido antes, por eso es tan importante el título de esta sección, cuanto más das, más recibes.

5.   ¿EN QUÉ CREES?

Pienso que este punto se merece una sección completa, ya que muchas personas desisten de comenzar sus marcas personales debido a lo que creen. Todo está en la mente, en tus creencias, por el hecho de que estas mismas crean tu foco y finalmente tu realidad.

¿Crees que no es posible tener una marca que enamore? ¿Piensas que mereces una marca de éxito? ¿Sientes que no tienes nada especial? ¿Tienes la sensación de que eres un impostor y en cualquier momento te van a desenmascarar? Quizá te suene alguna de estas preguntas, existen muchas más... Para generar y tener una marca personal solvente hay que trabajar antes tus creencias limitantes, tus miedos, tus inseguridades... trabajarte desde dentro, ya que todo parte de ese núcleo.

8. Tu marca es y será poderosa

Solo hay que observar y poner atención en tus pensamientos. ¿Te alejan o te acercan de tu objetivo? ¿Te suman o te restan? ¿Son negativos o son positivos?... recuerda que cuando creas tu marca personal, creas el alma de tu proyecto, creas la atalaya donde se sostiene todo y que esta base irá cambiando con el tiempo a medida que cambies tú, es una aventura que comienza de un modo y termina de otro.

Tengo muchos clientes que comienzan sus marcas personales de una manera concreta y debido a los cambios personales que se originan durante el transcurso del emprendimiento van cambiando esta marca y van transformándola en función de lo que creen, sienten y finalmente son.

Así que antes de crear tu marca, hazte estas preguntas:

- ¿Tengo alguna limitación en mi mente?
- ¿Estoy dispuesto a trabajarme desde el interior?
- ¿Seré lo suficientemente disciplinado para mejorar mis pensamientos?
- ¿Estoy preparado para trabajar mi marca personal durante el tiempo que haga falta aunque no vea un resultado en el corto plazo?
- ¿Tengo el tiempo suficiente para dedicarle?

6. SABER DONDE ESTAR PRESENTE Y DONDE NO

Existen una serie de elementos que conforman tu marca y lo mejor de todo es que tienes el control al 100% sobre estos, es este control el que hay que lidiar y gestionar de manera correcta. Por eso me permito hacerte la siguiente pregunta, ¿crees que tener 40 entrevistas en YouTube sobre ti es mejor que 10? Existen muchos emprendedores que cometen el error teniendo la sensación de que más es mejor y esto no siempre es así. La marca personal hay que cuidarla mucho hacia una línea coherente, entre lo que pensamos, somos y hacemos. Todo en la vida es equilibrio, por lo que romper ese equilibrio nos trae todo lo contrario de lo que queremos.

Te pongo un ejemplo. Si somos muy besucones con nuestros hijos, nos convertiremos en personas pesadas para ellos, si lo somos con la pareja, exactamente nos pasará lo mismo, si estamos presentes en todos los sitios "da igual su calidad" nos convertiremos en una marca cansina y sin gancho.

El otro día un cliente me contactó comentándome que le iban a hacer una entrevista en un programa de TV, este cliente es abogado y estaba realmente contento con ese hecho de salir públicamente en un medio tan importante de difusión, pero ojo, al preguntarle y enterarme del programa que le iba a hacer la entrevista, le dije que no lo hiciese, que eso mancharía su reputación y sobre todo su coherencia de marca, ya que el programa no tenía nada que ver con su mercado, micro nicho y avatar (cliente ideal). Lo que hubiese hecho esa entrevista sería manchar su marca y reducirla. Todo no vale y hay que tener claro donde si estar y donde no estar.

Te doy otro ejemplo, otro cliente me contactó una vez comentándome que iba a introducir un vídeo que le habían hecho en su página web de marca personal. Cuando vi el vídeo, inmediatamente le dije que no lo hiciese, ya que la postproducción del mismo era amateur, de muy mala calidad y eso ensuciaría su marca, aunque se oía y se veía bien, la historia que allí se contaba y la edición del vídeo era un rotundo suspenso. Este cliente era una persona reconocida y ese simple

8. Tu marca es y será poderosa

hecho, de poner ese vídeo en su página web de personal branding, hubiese supuesto pérdida de credibilidad y clientes, debido a la ruptura de las expectativas que estos tenían de esta persona, por consiguiente, bajada automática de ventas.

7. NO QUIERAS SER OTRA PERSONA

Me encuentro a menudo algunos tipos de emprendedores intransigentes que quieren una marca personal sí o sí de una determinada forma en función de su ídolo o persona de referencia, por lo que finalmente acaban siendo una copia irrelevante en el mercado, ya que casi nada es genuino ni propio, es un calco de una marca personal que ya funciona, que ya tiene seguidores, que ya está posicionada siendo muy rentable y nada de esto tiene que ver con la nueva marca, porque es otra persona, otro producto, servicio, valores, cultura, carácter, experiencia y un gran etcétera, en definitiva, es otra historia.

Mi gran consejo para este punto es que no seas la segunda marca de nadie, sé tu propia marca. Ya lo dijo el gran Steve Jobs en su día y no puede ser mejor consejo "No malgastes tu vida intentando ser la marca de otra persona".

8. NO HAY MEJOR NEGOCIO QUE SER BUENA PERSONA

Siempre lo digo y siempre lo diré, "No hay mejor negocio que ser buena persona", cualidad indispensable para una marca de éxito. Hacer el bien para el bien de los demás, donde todo comienza en uno mismo. Todo ello ligado al concepto de felicidad. Una persona feliz siempre buscará el win&win,

encuentra un sentido a todo lo que hace en su visión, objetivos... ¿Cómo podemos transformar el mundo en algo mejor?

Y es aquí donde la marca es parte de tu ser, una extremidad más que trabajará por ti, la huella que dejamos en el corazón de los demás, un legado de bondad.

Todo va desde el interior hacia el exterior, todo comienza en nosotros mismos, si somos capaces de escucharnos, de trazar un camino poderoso, de hacer que nuestra pasión se convierta en nuestra futura profesión, encontrar un sentido... estaremos ante una marca de posible éxito.

Pero no hay que olvidarse de la actitud de uno mismo, del pensamiento positivo constante y de ser humildes. Una marca memorable y reconocida es una gran responsabilidad transmitiendo verdad, coherencia y de alguna manera articulando nuestra identidad.

9. EL CORAZÓN DE LA MARCA: STORYTELLING

Al cerebro le encantan las historias, sobre todo terminarlas y el storytelling es una de las mejores herramientas para tener una historia cautivadora.

Para que lo entiendas de forma muy rápida, si no tienes una historia única que contar y no tienes relato, no tienes marca. El relato es la manera de plantar ideas en la mente de las personas. Y todos tenemos algo que contar. ¿Por qué hay emprendedores que convencen más rápidamente que otros? ¿Por qué hay anuncios publicitarios que recordamos incluso pasado unos años? La respuesta está en la forma en que contamos nuestra historia y mensaje. Los relatos logran que transformemos simples datos inertes directamente en emoción.

¿No te ha pasado alguna vez que escuchas a según qué personas y cuenten lo que te cuenten, te enganchan, te cautivan? Eso me pasa con algunas personas de mi entorno, son buenos contadores de historias, te cuenten lo que te cuenten.

Según un estudio de la Universidad de Princenton, la Universidad de Yale y varios artículos publicados en revistas como Forbes y Post Advertising, el cerebro cuando escucha una historia pone en funcionamiento las mismas áreas que se activarían si experimentásemos lo narrado, es decir, **vive lo que escucha.**

También es muy interesante saber que cuando se cuenta una historia, **los cerebros literalmente se sincronizan.**
Cuando oímos un relato... buscamos un hecho similar que nos haya sucedido y es cuando comienza la relación entre sensaciones y emociones.

Brené Brown decía que "Las historias son informaciones con alma", llegan al corazón y conectan a las personas con personas.

Si comparamos una buena historia con anuncios publicitarios verás la diferencia, nadie puede resistirse a la chispa y magia de una buena historia, siempre teniendo presente: menos es más como hemos visto ya.

10. AGITA TU MARCA

Si no te ven, no existes, aunque tengas una gran marca personal. Hoy día vivimos en la era de la comunicación, todo es inmediato e ilimitado por lo que hay que aprovechar los recursos que ya tenemos a nuestra disposición.

Tu blog o redes sociales son elementos importantes para provocar, enganchar, expandir y fidelizar tu marca personal, pero ojo, tu estrategia de contenidos se debe centrar en aportar valor diferenciador, porque como tú seguramente hay muchos ya, diferenciarse es vital. ¿Cómo nos diferenciamos? Nuestro carácter nos hace únicos, la forma de explicar, nuestro tono de voz, de expresarnos, nuestra experiencia, humildad, carácter… fíjate si hay elementos diferenciadores.

El Branded Content es la apuesta de las grandes marcas por lo que debemos imitarlas. Crear contenido que entretenga, valioso… huyendo de la pura publicidad.

Los números hablan por si solos, ya que el 70% de las marcas han utilizado el Branded Content con fines publicitarios en el último año, posicionando el marketing de contenidos en el elemento clave. Pero, ¿puede ayudarnos el branded Content en nuestra marca? La respuesta rotunda es un SI.

Veamos como:
Tu Blog: es una herramienta importante de difusión y viralización, sobre todo para captar público nuevo que viene de los buscadores de manera natural (SEO). Nos permite producir audio posts, vídeo posts y contenidos de todo tipo con los valores de la marca de forma original y creativa. No lo subestimes porque es un gran aliado para crecer. Pero ten en

8. Tu marca es y será poderosa

cuenta una cosa importante, si no puedes regularmente publicar contenido en tu blog, no lo tengas, es contraproducente, un blog hay que trabajarlo adecuadamente y de forma continuada.

Además, el blog es un modo perfecto de conectar tu audiencia con tu WhatsApp, herramienta indispensable para persuadir y conectar con tu público.

Los requisitos relevantes para disponer de un blog es ser constantes en nuestras publicaciones, puedes escribir cuando quieras, pero hazlo de manera regular. No hay nada peor que entrar en un blog y verlo desfasado. También te aconsejo que jamás engañes, ya que Internet se convierte en una jungla donde todo vale, pero no te equivoques, tu marca debe ser genuina y única, el engaño no te llevará muy lejos, no te pongas medallas donde no las hay, no te inventes ventajas donde no existen… y es que se ilumina una línea muy delgada entre persuasión y manipulación, la manipulación se basa en engaño por lo que jamás lo hagas. Sé honesto, buena persona y humilde, no me cansaré de repetirlo.

Tus redes sociales: existen muchísimas y debido a su gran cantidad y opciones nos pueden abrumar, por lo que céntrate en pocas trabajándolas muy bien, ya que las redes sociales ofrecen un impulso extra y son perfectas para crear "engagement" además de ser un altavoz perfecto de tu blog y marca.

Te recomiendo que en cualquier red social que alguien interactúe, te pregunten, opinen… tú respondas siempre, eso creará reciprocidad y conexión. Algunas redes sociales te puntuarán mejor en el ranking de visibilidad gracias a la interacción continuada.

Contenidos de valor: tu contenido debe transmitir tus valores diferenciales, para ello, determina temas o áreas concretas de las que vas a hablar. Esto te posicionará como autoridad en la materia y experto en ciertos temas. Investiga que temas gustan más a tu avatar, al cliente ideal, que temas están en auge, en que temas tienes más experiencia…

Tu plan de medios: Te aconsejo disponer de un calendario editorial de publicación de contenidos (timmings, temas, contenidos…) esto te ayudará mucho en la planificación y en tu plan de acción.

11. ¿TE SABES VENDER?

Imagina que te preguntan ¿Tú qué sabes hacer? ¿A qué te dedicas? Piensa muy bien tu respuesta, ¿Qué dirías?, no te imaginas la de emprendedores que me encuentro que no tienen una respuesta clara y certera, no es cuestión de hablar por hablar, es cuestión de decir las palabras correctas en el momento correcto, no es tanto lo que dices sino como lo dices.

Tu Elevator Pitch debe ser contundente y centrado en ¿qué solucionas? No importa tanto quien eres, sino como vas a solucionar los problemas de los demás y todo esto en 15 o 20 segundos. Te encontrarás muchos libros y escritos que proponen 3 minutos de Elevator Pitch, pero el cerebro se aburre muy rápido y para mí "menos es mucho más", ahorrando mucha energía a tu receptor.

¿Cuál es tu propuesta de valor? Se dice que Steve Jobs contrataba y despedía a muchos empleados en un ascensor con una sola pregunta en un solo trayecto. ¿Te imaginas? Pues es una realidad, tu posible y futuro cliente te espera, pero no lo aburras.

El objetivo de un buen Elevator Pitch tal y como le pasa al neuromarketing es crear curiosidad, es lo más importante, si logras crear curiosidad en poquito tiempo y dices lo justo, será la otra parte lo que te pregunte más y más. En ese momento es donde comienza la magia de vender sin vender ¿Te das cuenta ahora?

Craig Malloy, cofundador y CEO of Bloomfire decía que "No vale con ser original, hay que ser genuino. Usa un lenguaje simple, directo y sin florituras"

12. LOS COLORES

Cuidar el color de nuestra ropa es importante, ya que habla de forma inconsciente a nuestro avatar o cliente ideal.

Existen muchos libros que hablan del color, pero te dejo aquí mis explicaciones sobre el color en una guía rápida y simplificada:

COLOR GRIS
Es un color neutro propicio para combinar con la mayoría de colores, representa perfección, sofisticación y seguridad, fíjate como lo trabaja APPLE y te darás cuenta de ello.

COLOR BLANCO
Es un color puro, neutro también pero muy creíble, proyecta frescura, relax y simplicidad.

COLOR ROJO
Es un color de activación, provoca intensidad, agresividad, amor y pasión, cuidado con este color y no abusar del mismo en páginas web.

COLOR NEGRO
Este color es autoridad, calidad y poder, tampoco hay que abusar de él, ya que puede convertirse en un color que acentúe demasiado la seriedad, inaccesibilidad o frialdad.

COLOR AMARILLO
Es positivo, también activador y llamativo, es un color muy estridente en el cerebro y hay que trabajarlo con mucho equilibrio.

COLOR AZUL
Es uno de los colores predilectos de la mayoría de personas. Más del 55% de multinacionales lo utilizan en su branding. Transmite relax, control y lealtad.

COLOR VERDE
Simboliza la naturaleza, lo puro, la salud, es relajante y agradable a la vista.

COLOR VIOLETA
Es un color que denota lujo y sofisticación. Es un color muy femenino.

COLOR MARRÓN
Denota solidez, pureza, cercanía y flexibilidad. Es el color de la tierra, un gran color.

Dime que color llevas y te diré quién eres, es así de sencillo.

¿QUÉ NOS DEPARA EL FUTURO?

Indudablemente, no podemos vaticinar lo que nos deparará el futuro con un 100% de efectividad, pero todo indica a que la conexión y relaciones serán el sustento de los siguientes años, por lo que la marca personal adquiere un posicionamiento importante en cualquier proyecto o empresa.

Nuestro cerebro busca la pertenencia y la semejanza en todo momento, busca un ser humano que lo atienda y le dé amor, ya que si rascamos a niveles profundos, la base de cualquier venta es el amor.

La marca personal es y será en los siguientes años la estrategia más efectiva para conectar, enamorar y persuadir.

Ya no buscamos productos ni servicios, ni tan siquiera empresas, buscamos marcas que nos enamoren, que nos hagan sentir y vivir experiencias, marcas con nuestros mismos valores. Recuerda siempre que tu producto, empresa o servicio quedará siempre en un segundo plano, porque la gente no compra eso precisamente, compran la marca, te compran a ti.

Te pongo un simple ejemplo para que veas el poder del personal branding. Yo en la actualidad trabajo con un banco que al igual que el tuyo seguramente, cambian a los directores de oficina de forma rotativa y continuada, una artimaña para ganar más, indudablemente. Yo personalmente me he cambiado ya de oficina 4 veces simplemente por el hecho de que me atienda la persona que he tenido siempre de confianza, la misma persona, por lo que el banco en sí, ni me vende ni me da confianza, es la persona que identifico como el individuo que me ofrece cercanía, conexión, ayuda y finalmente venta.

Es un ejemplo sencillo donde se ve claramente el poder de una persona, precisamente eje principal de un personal branding. Cuida tu marca personal, riégala y verás pronto como brota la abundancia.

Ahora que ya tienes un arsenal de información muy valiosa para la creación tanto de tu logotipo como de tu marca, prosigamos hablando un poquito más sobre la misma y como tomar ventaja en la memoria de tu consumidor a través de esta.

Podemos conseguirlo con la:
1) EXPECTATIVA.
2) REPETICIÓN.
3) DECISIÓN FINAL DE COMPRA.

1.   LA EXPECTATIVA QUE SE TIENE DE LA MARCA
Los seres humanos tendemos a tener expectativas de casi todo, incluso de personas cercanas. Algunos investigadores han sugerido la idea de que las personas consumen conceptos en lugar de productos, dando origen a lo que se fundamenta como el efecto placebo. Conocido por un famoso experimento en la industria farmacéutica, en el que a un grupo de personas se les daba una píldora de azúcar en lugar de un medicamento y aun así presentaban mejoría en los síntomas de su enfermedad.

Existe un experimento muy interesante a este respecto y muy conocido también en el mundo del marketing, llevado a cabo por el científico Read Montague (director del Laboratorio de neuroimágenes del Baylor Collge of Medicine de Houston),

8. Tu marca es y será poderosa

consistente en la comparación de la actividad neuronal en un grupo de consumidores, al respecto de su preferencia por las dos principales marcas de refrescos de cola a nivel mundial, COCA-COLA y PEPSI a través de resonancia magnética funcional (fMRI).

En su primera etapa se invitaba a las personas que intervenían en el experimento a probar en copa de cristal las dos bebidas y más del 50% preferían el sabor de Pepsi.

En la segunda etapa los voluntarios veían la marca de la bebida antes de probarla y que curioso fue entonces cuando el 75% de los participantes elegía COCA-COLA. El científico llegó a la conclusión y después de ver las zonas activadas en el cerebro y estudiar los casos, que existía una lucha e indecisión entre el pensamiento racional y el emocional del cerebro, a la que finalmente vencía la parte emocional (COCA-COLA) frente a la parte racional (PEPSI).

Este hecho viene a demostrar el amor inconsciente y emocional que se tiene por las marcas, en este caso, una marca comercial en vez de personal, pero los efectos son los mismos en los dos casos: una afectividad irracional seguramente provocada por los impactos publicitarios, persuasión en los mensajes y promoción continuada a lo largo de las últimas décadas. Recordemos también campañas muy exitosas de COCA-COLA apelando a la pura emoción y conexión cuando vendían sus latas con nombres de personas. A quien no le gustaba tener una lata de esta empresa con su nombre impreso, ¿verdad? Solo este hecho, creaba un surco de emoción y sentimiento de pertenencia único que catapultaba a la marca al subconsciente y lo que es más importante, al inconsciente del individuo.

Quiero aclararte en este punto y para que tengas una comprensión más profunda del tema, la diferencia que existe entre el inconsciente y el subconsciente, ya que oímos muchas veces estas palabras, pero no sabemos muy bien que diferencias existen entre ellas.

Porque no es lo mismo cavar un agujero en la tierra de 2 metros de profundidad que cavar uno de 20 metros, quizá en el de 20 metros y con gran sorpresa encontremos agua, pero el esfuerzo es enorme. Fíjate bien que estamos hablando del mismo orificio con profundidades diferentes, topándonos con realidades también diferentes y eso es precisamente la diferencia entre el subconsciente y el inconsciente, su profundidad.

Un ejemplo para que entiendas bien que es el subconsciente sería cuando reconoces débilmente que tienes celos de alguien, pero no sabes muy bien su causa, haces una reflexión sobre ello y llegas a la conclusión que quizá esa persona vive en una época con más oportunidades de las que en su antaño viviste tú, o su edad le permite ser más hábil que tú, etc. Lo importante es que eres semiconsciente de la situación y podrías llegar a entender tus celos.

En cambio, el inconsciente como en el caso del agujero en la tierra que te hablaba será mucho más difícil de llegar a él y determinar así los orígenes de tu comportamiento, debido a su profundidad. Se puede también llegar al inconsciente a través de algún tipo de terapia como podría ser la psicodinámica que ayuda a llevar los sentimientos inconscientes, es decir, escondidos, a la superficie y así poder entender y controlar las situaciones concretas.

8. Tu marca es y será poderosa

El poder de las marcas en nuestro cerebro es absoluto y llegan a nuestro inconsciente a través de la publicidad tratando de fidelizar a sus seguidores a través de técnicas y estrategias persuasivas y psicológicas de gran impacto.

2) REPETIR, REPETIR Y REPETIR

Una de las técnicas más efectivas y sencillas de implementar tanto en publicidad como en las páginas web es la mera exposición y es que la repetición es más poderosa de lo que pudieses pensar. Las marcas conocen este efecto y por ese motivo invierten tanto dinero en publicidad y exposición continuada.

El conocido psicólogo social estadounidense Robert Bolesław Zajonc dedicó gran parte de su vida al estudio de procesos sociales y cognitivos. Una de sus contribuciones más relevantes a la psicología social es el efecto de mera exposición.

Cuantas veces te ha pasado que has oído una canción por primera vez y no te ha gustado nada, pero gracias a la repetición prolongada en el tiempo a través de los medios ha acabado gustándote. Esta técnica persuasiva y fenómeno psicológico hace que nuestro agrado por un determinado estímulo o persona, aumente a medida que nos exponemos más al mismo. Es decir, cuanta más exposición, más nos acercará, ya que será más familiar para nosotros y precisamente nuestro cerebro es lo que busca para protegernos y disponer de más probabilidad de supervivencia.

Zajonc sostiene la hipótesis de que la mera exposición repetida de un sujeto a un estímulo es una condición suficiente para que se incremente la actitud positiva hacia ese estímulo.

Como dijo en su día Marlene Dietrich, la repetición es la más vigorosa de todas las figuras retóricas

La psicóloga social Patricia Pliner realizó un estudio muy interesante para poner a prueba la influencia de este efecto en la predilección por ciertos alimentos. Para ello se les dio a probar a un grupo de estudiantes varios zumos que no conocían. Algunos los probaron cinco veces, otros 10 y otros 15. Cuando se les preguntó cuál les gustaba más, apareció una clara tendencia a juzgar como más positivo los que más veces habían tomado.

Los mismos resultados se han obtenido en investigaciones sobre la atracción interpersonal. Cuanto más a menudo vemos a una persona más simpática nos parece y más nos agrada su presencia.

Lo que hacen las marcas es intentar impactar en nuestra mente cuantas más veces mejor y lo hacen de diversas maneras. Una forma es con publicidad directa tanto online (embudos de venta, publicidad en redes, email marketing, retargeting...) como offline (pancartas, folletos, regalos...) pero también lo hacen con la publicidad por emplazamiento que consiste en la inserción de un producto, marca o mensaje dentro de la narrativa de un medio, ya sea una película, una serie de televisión...

La mera exposición como te explicaba hace un momento, se aplica también a las páginas web, pero tienes que tener en cuenta que como todo en la vida, el equilibrio es primordial, no por mucho repetir serás más persuasivo, ya que si no somos ecuánimes, obtendremos el efecto contrario que pretendemos. La mejor técnica persuasiva es la que no se nota,

8. Tu marca es y será poderosa

hay que tener mucho tacto con ello.

Quiero darte un ejemplo de mera exposición, imagina que disponemos de nuestro logoname que pone CARLOS MORENO en la parte superior de la web junto al menú principal, de momento, estamos generando ya un primer impacto visual a nuestro cliente, cuando el cliente baja haciendo scroll para ver más información de la página web se encuentra un título que pone:

CARLOS MORENO en 20 segundos, pero CARLOS MORENO es mi logoname, es decir, no es texto, es el propio "logotipo", fíjate entonces que el logoname CARLOS MORENO lo hemos repetido varias veces, primero en la parte alta junto al menú principal y en segunda instancia más abajo en la zona del vídeo de entrada. Acabo de hacer mera exposición con mi nombre y apellidos en este párrafo, te lo he repetido varias veces. Eso es mera exposición, una técnica persuasiva muy poderosa, sencilla y efectiva.

3) DECISIÓN FINAL DE COMPRA

El proceso en la decisión de compra ha ido cambiando con el transcurso del tiempo, aunque hay bases sólidas en las que nos podemos apoyar y así entender mejor su proceso.

El psicólogo Abraham H. Maslow afirmaba que todos los seres humanos están continuamente deseando, y que sus necesidades son psicológicas y sociales. Llegó a identificar cinco grupos de necesidades básicas y construyó con ellos la conocida pirámide de Maslow.

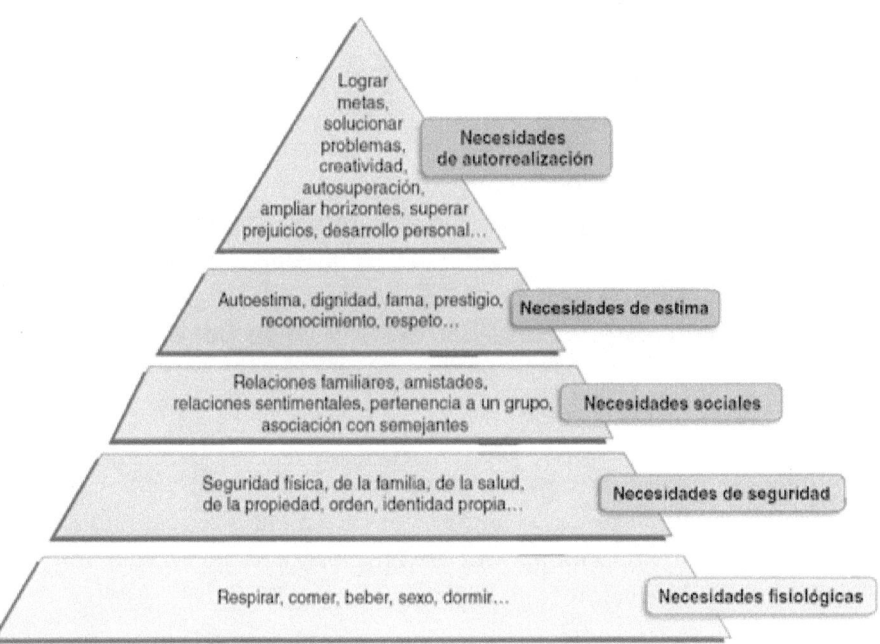

En esta pirámide podemos ver una jerarquización de las necesidades del ser humano. Los bloques de la parte baja son necesidades básicas, una vez satisfechas vamos subiendo para arriba hasta llegar a las más altas de autorrealización.

La decisión de compra viene dada a través de un intrincado proceso inconsciente que comienza por una carencia y termina por un sentimiento con base en la necesidad y deseo. Una marca que nos cautiva es la que ofrece la solución a la carencia y a su necesidad correspondiente como hemos visto ya.

Cuando necesitamos algo nos enfrentamos al dilema de cómo resolver esa carencia, a medida que activamos la voluntad de satisfacerla surge el deseo. Podríamos decir entonces que la necesidad es una carencia física o psíquica de algo que no se

8. Tu marca es y será poderosa

tiene y se desea y el deseo es el medio para satisfacer esa necesidad, visualizando el producto o servicio que apetece en ese momento.

El marketing, el neuromarketing, la neuroventa, las páginas web con corazón y mente, las estrategias, los embudos y un gran etcétera pueden abrumar a cualquiera, porque como has leído al inicio de este capítulo, existe tanta información que puede bloquearnos y paralizarnos. La parálisis por el análisis.

Para aliviar un poco esta carga y generar así dopamina en tu cerebro, incluso adrenalina que son dos neurotransmisores muy potentes, un ejercicio muy sencillo que yo hago y que quiero trasladarte para ayudarte es que a la hora de acometer objetivos con tu página web, estrategia, marketing… sean mini objetivos, fáciles de consumar.

Imagina una gran escalera delante de ti, pero en vez de mirar arriba y ver todo el camino y objetivos finales "peldaños finales" que quedan por avanzar, quiero que te centres en el escalón que tienes delante, no puedes ver nada más, solo el escalón que tienes delante de ti, ese será tu mini objetivo activo, cuando lo cumplas, subimos al siguiente peldaño…, sin darte cuenta llegará un momento en el que habrás recorrido todo el camino y habrás avanzado al siguiente nivel. Cuando mires la escalera en un plano más general, será ya desde arriba, donde todo se ve muy diferente, el objetivo de este libro es que cada capítulo se convierta en tu escalón, una vez lo superes, avancemos al siguiente.

Así que seguimos adelante…

Tus fotografías hablan

CARLOS MORENO

No hay nada peor que mostrar una imagen difusa de una persona sublime.

9. Tus fotografías hablan

El inconsciente que es el estado mental más profundo que tenemos siempre está activo, alerta de todos los estímulos y percepciones subjetivas que se puedan originar y es este inconsciente el que conecta con todos los elementos de una página web, ya sean iconos, líneas, flechas, colores, formas, botones, textos… y por supuesto, fotografías.

Este compendio de elementos habla por sí solo y tus imágenes que conviven en este universo digital se convierten en los anfitriones más importantes.

Todo el mundo estará pendiente de tus fotografías, ya sea de manera consciente o inconsciente, es indiferente, las mismas obedecerán a transmitir esos mensajes subjetivos y sutiles en la mente de tu cliente, por lo que las debes crear, seleccionar y mostrar con mucha cautela, siempre estudiándolas de manera minuciosa, ya que como reza el título, tus fotografías hablan y hablan demasiado en muchas ocasiones. Afirmo que son el 70% del éxito de un proyecto digital. Por ese motivo he dedicado un capítulo al completo hablando sobre este tema.

Estoy actualmente dando luz a la nueva marca de un gran amigo y gran escritor como es Javier Iriondo, vi claramente que tenía muy buenas fotografías, pero muy mal trabajada su marca. Las fotografías estaban ubicadas en posiciones erróneas en su antigua página web entre otros fallos, por lo que no todo se sintetiza en tener, sino en hacer con lo que se tiene.

Quiero pedirte que seas minucioso a la hora de seleccionar y crear tus fotografías y que seas consciente de la importancia que tiene la imagen, ya que el impacto que puede generar es muy variado. Si realizas una fotografía tipo selfie producirá un efecto muy diferente a si la haces en un estudio profesional, con drone o en exterior, con fondo de color vivo o claro, con ropa oscura o ropa clara, con atrezzo o no...

No puedes imaginar como se activa el cerebro cuando lo estimulamos a nivel visual. Las imágenes son un generador de emociones increíble. Además, nuestro cerebro más primitivo se estimula con facilidad por el medio visual que es uno de los seis estímulos que hablan directamente al mismo, ¿podrías imaginar ahora que pasará en la mente de tu cliente si encuentra imágenes borrosas, movidas o sin vida? O peor aún, exponer imágenes que hablan un lenguaje opuesto al que realmente queremos transmitir y para complicarlo aún más, no tener la más mínima percepción de que ese hecho se está produciendo así.

En este capítulo te voy a enseñar lo más importante para que aprendas a determinar cómo están influyendo o influirán esas imágenes en la percepción de una persona, casi nada. Además, vamos a ver también como dirigir la atención a las zonas que más nos interesan, como dejar una imagen en segundo plano o focalizar la atención en los textos, entre otros muchos.

Lo primero que tienes que hacer es buscar buenos profesionales de la imagen, a poder ser, con altos conocimientos de psicología aplicada y neuromarketing, que sepan dar la intención precisa y correcta a tu esencia, a tu producto o servicio y además de comunicar de forma maestra y sutil un mensaje subjetivo concreto y claro.

Una vez pasado el escalón de seleccionar a un buen profesional para la creación de tus fotografías, damos un paso

9. Tus fotografías hablan

firme al frente y seguimos al siguiente. Y es que existen una gran cantidad de estrategias, mi última intención es aburrirte o abrumarte, por ese motivo voy a focalizar mi exposición en las dos más utilizadas por la mayoría de emprendedores. Además, ambas, se amoldan a la perfección en la mayoría de proyectos.

Las dos estrategias más usadas son: **La marca personal y la marca comercial**. Pero como todo en la vida, dependerá si tu servicio se orienta de empresa a empresa, de empresa a consumidor o por ejemplo de consumidor a consumidor.

La marca personal es lo que tu receptor percibe de ti, de tu esencia, incluso de tu valor humano. Tu marca eres tú y tú eres tu marca como vimos en el anterior capítulo. Esa relación es inseparable. En cambio, la marca comercial es lo que tu receptor percibe de tu empresa, corporación, pyme... te quiero poner un ejemplo para que veas las diferencias y lo entiendas bien. Actualmente, estoy inmerso en la marca de mi **amigo Alex Comunica TV**, presentador, speaker profesional y un referente en el mundo de la comunicación. Estoy creando su marca personal que se llama ALEXCOMUNICATV, esa es su marca personal, la madre de lo que serán luego sus hijos, que serán sus productos o servicios. También estamos forjando una plataforma de eventos y cursos enfocados a profesionales, ya no desde su marca personal, sino desde una marca más comercial. ¿Por qué? Porque la marca es el núcleo de donde parte todo, es la conexión persona&persona, en cambio, los eventos o cursos parten de empresa&empresa o empresa&persona, es más comercial.

Las dos estrategias son igual de efectivas, personal y comercial, pero serán contundentes siempre y cuando se muestren al público que realmente las va a consumir y se va a sentir de alguna manera identificado con ellas.

Trabajar la marca personal es una de las estrategias más fructíferas y que más conexión genera con el público, ya que un ser humano busca a otro ser humano para relacionarse y desarrollarse, por lo que la marca persona de Alex generará siempre más confianza a un ser humano que no la marca de EVENTOS, pero como te he explicado ya, depende, porque si es una empresa que busca aparecer en un programa o necesita una formación para sus empleados entonces EVENTOS será la gran solución. Todo depende.

La marca personal crea un vínculo entre persona y persona, la marca comercial lo crea entre empresa y empresa, por así decirlo de algún modo, hablan el idioma que tu visitante busca y este simple hecho ofrece control subjetivo inconsciente que a la vez proporciona confidencia, seguridad y vínculo entre ambas partes.

Otro punto importante del tema que estamos tratando es que si queremos trabajar la marca personal, el rostro es primordial y nos genera información relacionada con la identidad. Cómo sabes, las emociones desempeñan un rol fundamental para la experiencia, supervivencia y desarrollo humano, a través de ellas se va conformando la personalidad, así como la manera de percibir y sensibilizarnos ante el mundo (Cereceda, Pizarro, Valdivia, Ceric, Hurtado & Ibáñez, 2010).

Memorizar e identificar un rostro es la habilidad que determina nuestro éxito en el reconocimiento de la identidad en la vida cotidiana. Diferenciar a una persona de otra es una de las primeras habilidades cognitivas de nuestra especie, pues se desarrolla desde los primeros meses de vida, aunque

9. Tus fotografías hablan

recientemente se ha demostrado que el reconocimiento facial se aprende con la práctica, según un nuevo estudio publicado en Nature Neuroscience y llevado a cabo por la Universidad de Harvard (Estados Unidos). Este estudio asegura que la identificación se consigue con la práctica y que la experiencia es lo que hace que las regiones encargadas del reconocimiento se desarrollen. En todo caso, el rostro es predominante en el cerebro, ya que estudios de neuroimagen han revelado que varias regiones del tamaño de un guisante radicadas en el lóbulo temporal (la zona del cerebro situada bajo la sien) están especializadas en el reconocimiento de las caras. Los neurocientíficos las llaman áreas faciales.

Indudablemente que tu marca personal debe llevar tu rostro, tu cara, es decir, las mejores fotografías y versiones de ti. Es hora de ponerlas en acción en tu activo digital y página web, pero, ¿cómo comenzar?, empieza descartando las instantáneas más serias o con rostro de enfado. Referente a este tema, existen estudios cuantiosos que demuestran que detrás de un rostro sonriente y alegre se origina más venta y el cliente gasta más dinero, en cambio, rostros enfadados con guiños gruñones, caras tristes o muy serias, activan todo lo contrario. Selecciona de forma correcta tus imágenes y habrás dado un paso de gigante.

En 1988 Fritz Strack planteó la hipótesis del feedback facial. El psicólogo alemán propuso que la contracción muscular que se produce en nuestro rostro cuando sentimos una emoción, sonreír, no solamente es consecuencia de la propia emoción, sino que también participa de la causa.

El doctor Strack trataba de mostrar que existe una retroalimentación entre la contracción de los músculos del rostro y la actividad cerebral, y es que cuando sonreímos, el cerebro se conecta, es el espectador principal. Por este motivo, la imagen principal, de tu página web, normalmente ubicada en el banner principal debe ser agradable y cercana, generando confianza, creatividad y conexión, pero a la vez debe ser profesional, limpia, responsable... es un equilibrio entre simpatía y seriedad. Y como has aprendido, tú eres el protagonista saliendo en la instantánea inicial.

El denominador común de las fotografías debería ser la sonrisa, pero estar sonrientes en una imagen no debe convertirse en una regla inexorable, ya que esto dependerá de lo que queramos transmitir. Tu experiencia y trato diario con tus clientes te darán todas las respuestas. En muchos casos es aplicar el sentido común. Por ejemplo en la fotografía de mi banner principal he querido transmitir seriedad, concentración, profesionalidad... lo puedes ver en mi página web www.carlosmorenoortega.com

Cómo observarás, yo no estoy sonriente y la perfección se encuentra una vez más en el equilibrio, aunque una sonrisa te ayudará a paliar las resistencias iniciales inconscientes de tu cliente hacia la compra, como te he explicado ya.

Fíjate también en un aspecto muy importante de mi fotografía, mi mirada, estoy mirando hacia la dirección donde está mi texto principal, ¿te imaginas por qué? Lo más valioso para el cerebro reptil en un rostro es la mirada y los ojos, son el espejo del alma. ¿Sabes por qué son tan relevantes para el cerebro reptil? Porque los ojos de una persona ofrecen información muy valiosa y subjetiva sobre las posibles intenciones que podría tener la otra parte, el cerebro siempre busca la supervivencia, recuérdalo. Se conectará de forma directa con

9. Tus fotografías hablan

los ojos para recabar dicha información y percibir, por eso cuando estamos hablando con alguien y bajamos continuamente la vista, la otra parte puede sentir que escondemos alguna cosa, que no somos claros o que simplemente mostramos inseguridad. Donde vayan tus ojos irá la atención de tu receptor, es decir, si en tu fotografía estás mirando a la derecha, tu texto principal debería ir en esa dirección para focalizar la atención hacia lo que estás mirando, tal y como yo tengo en mi banner principal.

LA MIRADA SE CONVIERTE EN UNA FLECHA

Una flecha que indica donde está la información importante. Los ojos son las flechas que indicarán donde mirar o atender. Nuestros estudios propios nos han demostrado que cuando exponemos una fotografía mirando al frente, la atención inicial y primaria se concentra en esa mirada, en cambio, cuando queremos dirigir de forma acusada la atención al texto u otro elemento de la fotografía, bastará con cambiar de dirección la mirada, es decir, tus ojos son las flechas que apuntan a otro sitio.

Pero podemos dirigir la atención visual de nuestro visitante no solo con la mirada sino también con nuestros brazos, manos o dedos, ya que estas extremidades también actúan como flechas de atención en el cerebro. Tenemos el caso de una persona que señala directamente de manera clara y directa, sin rodeos, además de dirigir también el foco con la mirada. Cerciorándose indudablemente que nadie se olvide de leer su copy, es decir, sus textos más importantes.

Otro modo de dirigir la atención es con el brazo inclinado mientras la mirada permanece al frente. El brazo se convierte en un elemento secundario pero determinante para dirigir la atención del visitante y separar correctamente las partes del diseño.

El lenguaje no verbal hace su función, el cerebro reptil, el más primitivo, se expresa a través de este lenguaje. Por ejemplo, al hablar por teléfono, nos tensamos, gesticulamos... como si tuviésemos a la persona delante de nosotros, precisamente, para intensificar el mensaje que intentamos enviar, **es cuando el cuerpo acompaña a la palabra**. Se crea un lenguaje corporal único con posiciones y posturas inconscientes donde expresamos mucho más de lo que creemos, transmitiendo en primicia lo que nuestro cerebro reptil nos dicta.

Hay que tener en cuenta que el **93% de nuestra comunicación es no verbal** conformado entre el lenguaje corporal y el tono de voz (volumen, timbre, frecuencia...) por eso es tan importante tener el control en el máximo de detalles posible.

Tu rostro en las fotografías tiene un papel fundamental como estamos aprendiendo, pero aun así y pareciendo este hecho obvio, me encuentro a diario fotografías de emprendedores tristes, serias, con miradas a ninguna parte, incluso con guiños de enfado. Hay que tener en cuenta que tu rostro es el órgano central de representación de tus emociones. Constituido por 270 músculos preparados en todo momento para mostrar las mismas al mundo.

Pero no solo un rostro es importante, hay que tener en cuenta con las posturas en tus fotografías, porque pueden transmitir señales de rechazo que ni tan siquiera atisbes a ser consciente de ello, como, por ejemplo, cruzarse de brazos, evitar la mirada, dar la espalda, rascarse, frotarse la nariz, estar muy

9. Tus fotografías hablan

serio, incluso enfadado... provocará un efecto negativo en tu cliente.

Tus brazos y manos en tus instantáneas no los debes dejar a la deriva y posicionarlos en función de lo que deseas generar y transmitir en tu receptor. Tus fotografías hablan y mucho diría yo, disponer de buenas fotografías en tu marca personal te ayudará a posicionarla en la mente de las personas de forma más rápida y efectiva.

También me encuentro muy habitualmente con fotografías de muy mala calidad, desenfocadas, sin vida y realizadas de cualquier manera y eso es un gran error para una marca. Debes cuidad mucho tus fotografías, ya que son el núcleo visual y eje de tu marca personal.

Otro punto importante de las fotografías de marca personal es que las acciones hablan más que las palabras, es decir, **los gestos tienen su propio lenguaje**, además, el cerebro reptiliano percibe enseguida la comunicación no verbal de las imágenes, por lo que te voy a dar una guía muy rápida de lo que considero más importante, para que lo estudies y lo tengas siempre en cuenta:

PALMA DE LA MANO ABIERTA: es un gesto de sinceridad, de ayuda al prójimo.

PUÑO CERRADO: cuidado con las fotografías de este estilo porque es un gesto de tensión y nervios. Oculta la verdad.

CRUZAR LA PIERNA EN UN ÁNGULO DE 90º AL NIVEL DE LA RODILLA: estamos ante una persona ambiciosa y competitiva.

HOMBROS CAÍDOS: esto es fatal para nuestra marca, denota pasividad, depresión, incapacidad… para hacer frente a ciertas situaciones en la vida.

SENTARSE CON LAS DOS PIERNAS UNIDAS PARALELAMENTE: personalidad cuidadosa y ordenada.

ECHARSE ATRÁS EN UNA BUTACA: denota confianza en uno mismo, pero cuidado porque también prepotencia según la inclinación.

MANO EN LA BARBILLA "sin taparse la boca": persona dispuesta a escuchar a los demás, tono activo y predispuesto.

PALMAS DE LAS MANOS HACIA ARRIBA: tienen una connotación positiva, comunican aceptación y confianza, estoy aquí para ayudarte.

PALMAS DE LAS MANOS HACIA ABAJO: significa confianza y demuestra control, pero cuidado porque también transmite cierta rigidez.

MANOS EN LA ESPALDA: mi recomendación es siempre mostrar las manos, pero ponerlas atrás en la espalda es gesto de confianza en uno mismo. Este gesto lo hacen muchos conferenciantes de éxito.

APUNTAR CON EL DEDO: muy acertado en el mundo online para enfocar a ciertas zonas, en el mundo offline es un gesto de autoridad, cuidado con él.

PUNTAS DE LOS DEDOS QUE SE TOCAN: esto muestra confianza, poder y seguridad en uno mismo.

9. Tus fotografías hablan

MANOS EN LOS BOLSILLOS: cuidado con este gesto porque denota falta de voluntad, desconfianza y reticencia.

PALMAS DE LAS MANOS HACIA ARRIBA: tienen una connotación positiva, comunican aceptación y confianza, estoy aquí para ayudarte.

EL GESTO DE TAPARSE LA BOCA: cuando dices una mentira, el cerebro ordena a la mano que tape la boca para bloquear la salida de las palabras falsas, mucho cuidado con este gesto.

CRUZAR UNO O LOS DOS BRAZOS SOBRE EL PECHO: se forma una barrera que, en esencia, es el intento de dejar fuera de nosotros la amenaza pendiente o las circunstancias indeseables. Cuando una persona tiene una actitud defensiva, negativa o nerviosa, cruza los brazos y muestra así que se siente amenazada.

BRAZOS EN TU CADERA EN FORMA DE JARRA: precaución con esta postura porque indicará impaciencia o enojo.

Pero no solo la posición del cuerpo es importante, sino la mirada, como hemos visto, lo es también. Te dejo algunos consejos interesantes:

- **La mirada social:** cuando la mirada cae por debajo del nivel de los ojos se desarrolla una atmósfera social. En los encuentros sociales la mirada se dirige al triángulo formado entre los ojos y la boca.

- **La mirada íntima:** recorre los ojos, pasa por el mentón y se dirige hacia otras partes del cuerpo. Si la persona está interesada devolverá una mirada del mismo estilo.

• **Las miradas de reojo:** se usan para transmitir interés amoroso si se combina con una elevación en las cejas y una sonrisa. Hostilidad si se combinan con las cejas fruncidas o hacia abajo.

Es hora de mirar atrás, y es que estamos arriba de la escalera, si, si… hemos llegado ya, ahora tienes una vista mucho más panorámica con información muy valiosa que viene directamente de la neurociencia y que nos ayuda a crear y tener una página web con corazón y mente ganadora, una web imparable que seguro te dará muchas alegrías en el trayecto.

Aquí me tienes para lo que necesites +34 658 972 500.

A sido un placer acompañarte en esta lectura y sincronizar de algún modo nuestros cerebros.

Te recuerdo que tienes a tu disposición el vídeo curso y mentoría de Webs con corazón y mente.

Ahora te dejo un extracto de la Dra. Maite Moyá que complementa perfectamente todo lo que has aprendido.

¡¡Fuerte abrazo valiente digital® y seguimos adelante con todo!!

Te quiere:
Carlos Moreno Ortega
https://www.carlosmorenoortega.com
https://www.supermarketing.es

10

CARLOS MORENO

Extracto del libro "El lenguaje de la mente"

"El Lenguaje de la Mente"
Los combates que afectan tu proyección personal.

"La dirección de tu camino inicia en lo que escribes en tu interior. Lo que te sucede en la vida es el resultado de tu pensamiento y tu actitud."

Maite Moyá

Cuando no manejas bien tu pensamiento y emociones otros lo harán por ti, ahí están al acecho esos falsos profetas que, sin ningún escrúpulo, te prometen que lograrás el éxito y hasta es posible que repitas con ellos, han tocado tu ego, tu miedo, cualquiera de los villanos que habitan en tu cabeza de los que no eres consciente pero que hábilmente aprovechan para generarte falsas expectativas. Los buscas como referencia mientras tu "yo" se diluye en los sueños de otros. Una de las claves de las personas de éxito está precisamente en buscar mentores y profesionales cualificados, lo que no siempre es fácil, este es el mayor esfuerzo en el que has de lo más valioso tu tiempo. La referencia de otros crea modelos en nuestra mente que nos aproxima o nos aleja de lo que realmente queremos o somos. Entrenar el pensamiento descubrir tus héroes y villanos es el primer paso para crear una imagen personal fuerte y auténtica. Despierta tu mejor versión.

"Todo está en la Mente"
Sin una dirección clara puedes ser víctima de las circunstancias o de los pensamientos y deseos de otros, porque habrás perdido el timón de tu mente y por lo tanto de tu vida. Existen reglas del juego de la mente que cuando no conoces te pueden llevar a la frustración o a tomarlo todo de forma

10. El lenguaje de la mente

personal. Todo es más sencillo, aunque se hace complejo porque no nos preparan para saber cómo manejar nuestros propios pensamientos y las emociones. Vivimos comparando lo que nos pasa con otros o deseando circunstancias diferentes a las que tenemos, echándole la culpa de lo que nos ocurre normalmente a los otros o a las situaciones que vivimos; esperando ese momento donde ser reconocido, lograr lo que queremos y entonces pensamos que ya seguro seremos felices.

El concepto del éxito y la felicidad da mucho de sí y también provoca mucha frustración cuando la dirección de esa felicidad no está tan clara como creías. Todo esto cambia cuando entiendes que cada persona tiene sus circunstancias, lo que el "Lenguaje de la Mente" llama "campo de batalla" y del que tendrás que sacar tu aprendizaje para poder ganar y conectar con tu auténtico propósito de vida. No todos somos iguales, somos únicos e irrepetibles, con miles de posibilidades y combinaciones parecidas, pero nunca idénticas. El pensamiento es la primera forma en la que te comunicas con tu mundo. Filtras la realidad a través de los sentidos, la primera forma de comunicación con el mundo externo, interpretas lo que te ocurre y lo conviertes en un diálogo interno que se manifiesta a través de autoafirmaciones positivas y negativas, frases, palabras que te dices o recuerdas que te bloquean o te impulsan, escribiendo la historia de tus decisiones, de tu vida. Es lo que en el "El Lenguaje de la Mente" denominamos "Héroes y Villanos". Estás expuesto a millones de informaciones que llegan de manera inconsciente a tu cerebro. La mayor parte de ellas entra sin darte cuenta en tu mente e influye en tus decisiones y en tu estado anímico. Se va acumulando como un banco de información que cuando menos te lo esperas actúa sobre ti y tú no tienes control

10. El lenguaje de la mente

alguno. Es como cuando te das cuenta de que estás tarareando esa canción de verano que odias pero que se repite en la radio una y otra vez, se metió en tu cabeza y ahí sigue dando vueltas. Puede que de repente te das cuenta de que estás diciéndole a tu hijo lo que tu madre te decía a ti y que tanto te molestaba. Así, una mala palabra de alguien de tu entorno influye en tu estado anímico sin darte cuenta. Si empiezas a tomar conciencia te darás cuenta de que repetimos constantemente los patrones de otros. Es el resultado de un pensamiento, una creencia que no quieres o que ni siquiera es tuyo. Cuando esto ocurre estamos dejando el control de nuestra mente, de nuestras vidas a otros o a las circunstancias. Sin embargo, no eres consciente de cómo toda la información de tu alrededor y tus propias palabras sobre lo que estás viviendo, están influyendo en tu lenguaje de la mente, piensas que la realidad que has creado en tu mente es la única que vale. Das por sentado que las cosas son o deben ser de una determinada manera, la tuya, que, sin duda, está condicionada en parte por lo que otros antes que tú creyeron. Y así sucesivamente, y sin cuestionar, vamos recibiendo paradigmas, creencias y diminutas partes de la realidad de unos a otros.

Y está bien, el ser humano necesita referentes sobre los que construir su propia identidad, pero cuando esos referentes despiertan a tus villanos, a tus autoafirmaciones negativas, empieza una batalla en la que si no lideras tu mente, puedes perder el rumbo de tu vida, de tu liderazgo personal, de tu estado anímico.

Un ejemplo claro es la repetición de patrones de madres o educadores. Repites con otras relaciones, donde adoptas el papel de tu madre, de tu padre u otro y no sabes ni porqué o lo das por válido. Incluso puede que atraigas personas con ese

10. El lenguaje de la mente

rol. Abrimos diferencias y brechas en el pensamiento, alimentadas por lo que la mente cree y lo que otros dicen, o lo que te dices a ti mismo animado por el propio clamor de tu voz interior repitiendo algo que vivió y se quedó en el subconsciente para recordarte que no eres suficientemente bueno, o que estás por encima del bien y del mal cuando en el fondo lo que sientes es vacío o una falacia sobre tu desempeño que te hace creer que no necesitas saber nada más para resolver ese resonar de tu mente que te impide estar en paz y equilibrio.

Esos referentes, dependiendo de quienes sean (madre, esposo, hijos, amigos, etc.), se convierten en cadenas de tus emociones y paralizan cualquier intento de cambio. En lugar de buscar un nuevo rumbo te empeñas en que el otro cambie, te entienda, te diga lo que quieres escuchar, cuando posiblemente ni él o ella misma lo haga. Dejas el control de tus emociones en manos de un tercero, dejas de tener el manejo de tu pensamiento. Hacemos constantemente de espejo con aquello en lo que consciente o inconscientemente nos enfocamos. Tomar el control, entender cómo funciona el Lenguaje de tu Mente, las señales de los acontecimientos que vivimos, cuales son los principales roles y los arquetipos (Héroes y Villanos) a los que te vas a enfrentar, te hace libre de las batallas y patrones de otros. Reconocer a tus villanos y a tus héroes, te ayudará a atraer nuevas situaciones y relaciones a tu vida, cambiar de actitud, sentir que tu diriges realmente tu vida y no los acontecimientos o terceras personas.

Como dice la canción, esta vida es sólo un ratito, aprovéchala conociéndote un poco más y entendiendo cómo desactivar aquello que te impide desarrollar todo tu potencial. El Lenguaje de la Mente, es una guía para entender esas reglas de juego, que a pesar de nuestra diversidad rigen ese diálogo interno del pensamiento. Conocer esas reglas te ayuda a superar barreras, leer el auténtico aprendizaje de cada vivencia, liderar tu mente y por tanto, liderar tu vida. Mejorar tu comunicación y tus relaciones interpersonales. Es la base para adquirir cualquier otra habilidad.

"Tu peor enemigo no es soportar el fracaso es soportar el juicio al que te somete tu mente cuando fracasas".

LA CLAVE PARA PROYECTAR TU MEJOR VERSIÓN
De lo más profundo de tu mente a lo que proyectas hacia fuera hay un camino que recorrer que inicia en tu conciencia. Lo que hace que te conviertas en un líder como marca personal está en la manera en la que enfocas tu pensamiento. La dirección de tu pensamiento hace que te proyectes de una manera o de otra, por eso conocer cómo funciona ese diálogo interior te ayuda a proyectar tu mejor versión. Tu diálogo interno hace que te comuniques de una determinada manera y te proyectes o no de manera efectiva y creíble para los otros, en entrevistas, entornos sociales u otros modos de difusión, tal y como comenta Carlos en su capítulo sobre la marca personal. El autoconocimiento es imprescindible para proyectar una versión mejorada de ti mismo, para eso tendrás que enfrentarte a tus héroes y villanos.

El primer paso es identificar los pensamientos ¿Te identificas con alguna de estas situaciones? Supera tus miedos reconoce a tus villanos.
- Siento ansiedad, frustración, miedo, no llego a mis objetivos.
- Los pensamientos negativos se han apropiado de mi mente y me autocastigan.
- Tengo sentimientos de miedo, culpa, frustración, impotencia,

postergación.
- Me siento bloqueado y no sé porqué. q Tengo la sensación de que no avanzo. q Estoy desmotivado.
- No me valoro lo suficiente.
- Lo tomo todo de manera personal y me afecta en exceso.
- Tengo miedo a equivocarme.
- Siento envidia de los éxitos de los demás.
- Las críticas de los demás me afectan en exceso.
- Postergo lo que tengo que hacer; las decisiones, las evito.
- Siempre veo el lado negativo de las cosas así luego no me llevo desengaños.
- Siento inseguridad y dudo de mis propias posibilidades.
- Atraigo personas o situaciones tóxicas sin darme cuenta.

Comienza la Batalla
Primera herramienta: la Autoconciencia. Si no diriges tu pensamiento, tu pensamiento te dirigirá a ti, y puede convertirse en una auténtica montaña rusa. Un pensamiento, una palabra o una frase puede hacerte superar barreras, dificultades, dar lo mejor de ti, simplemente porque creíste en eso que imaginaste. Piensa en una situación en la que lograste superar tu miedo, que te sentías bien. Seguramente hay unas palabras, una expresión, algo que te dijiste y tal vez ahora no recuerdas que te puso en marcha. No solemos ser consciente de aquello que nos hace superar situaciones y lograr el éxito. Es fácil centrarse más en lo negativo, deja mayor huella en la mente. En otras ocasiones sientes tu mente bloqueada, frustración ante un pensamiento reiterado que perturba tu mente y no te deja centrarte en lo importante, sin embargo, tú tienes la llave.
No importa lo que tengas, tus capacidades, lo que hayas o no conseguido, si no manejas tu pensamiento puedes estar constantemente en una auténtica montaña rusa.

10. El lenguaje de la mente

El primer principio del Lenguaje de la Mente:

"Toma conciencia tanto de tus éxitos como de tus fracasos. Todo es aprendizaje".

El Lenguaje de la Mente se conforma por el diálogo interno que cuando se manifiesta en autoafirmaciones (positivas o negativas) o en bloqueadores o potenciadores (no puedes percibir el diálogo en sí, pero sí tienes sensaciones positivas o negativas que te impulsan o te paralizan para tomar acción) se convierten en el pensamiento, en el Lenguaje de la Mente, que se refleja al exterior a través de tu imagen y de tu lenguaje no verbal, es lo que los demás perciben. Cuando tomas conciencia de tus autoafirmaciones, bloqueadores y potenciadores, empiezas a poder realizar los cambios que deseas, tomas el control, ya no dependes de los factores externos, opiniones, creencias, expectativas, deseos, etc., empiezas a dirigirte hacia donde quieres ir. La base para lograr el cambio es la Autoconciencia, junto a la comunicación interna (pensamiento) y el aprendizaje.

La Autoconciencia. La autoconciencia se refiere a la conciencia del ser consciente. Es una mirada interna y sabia en la que reconocer tu verdadero ser. Es separarse de uno mismo para ver en perspectiva la relación consigo mismo, con los otros, con los acontecimientos. La autoconciencia te ayuda a reconocer la realidad y relacionarte con ella.

Conocerte a ti mismo, tus actos y reflexiones. Ser consciente de los propios recursos, carencias, estados de ánimo, de los pensamientos e intuiciones, la manera en la que te hablas. Su importancia radica, sobre todo, en que te permite modificar o redirigir los aspectos de tu personalidad o de tu entorno que

10. El lenguaje de la mente

deseas para alcanzar tu mejor versión. Es tu punto de partida para medir el avance en tu desarrollo personal. El trabajo interior esencial para tu bienestar y tus relaciones con los demás. Es fácil pensar que todos somos autoconscientes, pero realmente lo somos de una manera muy superficial, nos acostumbramos a rutinas y costumbres que nos hace estar en automático desconectándonos de nuestro interior. Nos cuesta escuchar ese diálogo interno que crea nuestro propio prototipo de la realidad, de lo que debe ser o lo que no, sin cuestionarnos si realmente es así, o realmente queremos aquello que hacemos o decimos. Como resultado muchas personas viven "desenchufadas" de su realidad interior y se comportan de manera mecánica. La autoconciencia no es una función sencilla, es bastante compleja y agotadora en muchas ocasiones, pero totalmente necesaria para hacer cambios y ajustes.

Estos estados emocionales son prácticamente imperceptibles sino prestas una atención especial, le pones nombre y eres capaz de identificarlos. Sin embargo, dirigen nuestros comportamientos como si fuésemos autómatas. Imagina que tienes un espejo enfrente de ti, y la persona que se refleja es otra diferente a ti, observa la imagen, despégate de tu yo, como si vieras a alguien que no eres tú y pudieras observarlo sin juicio, sin apego, simplemente escuchando sus palabras, sus reacciones ¿qué le dirías entonces? ¿qué consejo le darías?

Saber identificar: pensamientos, sentimientos, deseos, objetivos, virtudes y puntos débiles. Es la manera en la que se trabaja el Lenguaje de la Mente. Lo que en Liderapia llamamos la tercera posición o la otra mirada. Por ejemplo, en lugar de saber que te sientes triste o enfadado, detenerse, observar y entender qué esconde esa emoción, qué te está diciendo, qué

10. El lenguaje de la mente

la ha provocado y para qué está ahí. Saber hacer las preguntas adecuadas para no quedarte en la emoción que te invade y te bloquea. La clave está en prestar atención a los indicadores emocionales, por muy leves que parezcan, siempre tienen un mensaje escondido, una causa oculta. Por ejemplo, el enfado o la rabia, que puede estar dirigida hacia alguien muy concreto, pero puede estar disfrazando un villano como la envidia, por ejemplo. Ser consiente sólo es posible a través de un viaje introspectivo y de autoconocimiento.

No se tiene claro el origen de la autoconciencia, aunque existen muchas teorías. Incluso se habla de que se encuentra en lo que algunos científicos llaman, el exocerebro y que forma parte de la adaptación y la evolución. Lo que sí está claro es que la autoconciencia nos ayuda a sobrevivir; la identificación de nosotros mismos y de los otros, nos permite el diálogo interno y por tanto la evolución de nuestra especie.

Para aumentar la autoconciencia hay que saber hacerse las preguntas adecuadas. Sorprende que las personas más introspectivas en ocasiones pueden ser las menos conscientes de sí mismas. La causa, es que suelen hacerse la pregunta errónea: «¿Por qué?» Cuando te preguntas el por qué, no tienes acceso a muchos de tus sentimientos y motivos inconscientes que estás buscando. Tiendes a inventar respuestas que sientes verdaderas pero que normalmente están equivocadas. Esta pregunta invita a pensamientos negativos que no te llevan a ningún lugar más que al pasado, centrándote en miedos, inseguridades y frustraciones, en lugar de evaluar de manera racional tus puntos más fuertes. Pregúntate «¿qué?» y «¿para qué?» para aumentar la autoconsciencia, para estar más abierto a nueva información y para aprender cómo utilizarla. Por ejemplo «¿Qué tengo que

10. El lenguaje de la mente

aprender de esta experiencia?» «¿Cómo puedo hacerlo mejor y que pasos hay que dar para conseguir mi objetivo?» «¿Qué debo hacer para seguir avanzando?» La autoconciencia además te ayuda a evitar los prejuicios, resultado del miedo inconsciente, hacia otras personas y mejorar las relaciones. Ayuda a mejorar la convivencia. La Autoconciencia mejora tu cerebro. Cuando trabajas la autoconciencia para evitar prejuicios inconscientes, está demostrado científicamente que desactivas zonas de tu cerebro implicadas con el miedo (como la amígdala) y activas otras que te hacen sentir bien, activan la autoevaluación de los propios pensamientos y sentimientos, es decir, la autopercepción. Además, investigaciones recientes han descubierto que cuando somos más conscientes, somos más creativos y aumenta nuestra seguridad personal. Tomamos mejores decisiones, nuestras relaciones son más sólidas y nos comunicamos de manera más efectiva. Está relacionada con el nuevo liderazgo, los líderes más efectivos del mundo la practican, es uno de nuestros mayores poderes y que no desarrollamos lo suficiente. La clave para trabajar el Lenguaje de la Mente es la autoconciencia del pensamiento.

2ª Segunda herramienta: el Pensamiento.
"Conocer a los demás es inteligencia. Conocerse a uno mismo es la verdadera sabiduría. Dominar a los demás es la fuerza. Dominarse a sí mismo es el verdadero poder" Lao Tzu

El pensamiento es aquello que tu mente interpreta o crea de la realidad, desarrollando, creando o regulando ideas acerca de ti, del entorno y de los demás. Da sentido al mundo y a tu realidad. La clave está en cómo manejar tu pensamiento para canalizar la manera que te haga alcanzar mayor plenitud y equilibrio se alcanza trabajando la autoconsciencia del pensamiento. Tus pensamientos marcan tu actitud, la tendencia a pensar, sentir o actuar de una determinada manera, muchas veces, de manera inconsciente y repitiendo una y otra vez el mismo patrón. Esos pensamientos o patrones de conducta pueden provocar que atraigas determinado tipo de personas o repitas vivencias muy similares. Los pensamientos para bien o para mal te dominan si no lideras tu mente. Entender cómo se forman es el inicio para que tomes el control. El pensamiento arranca con la percepción de la realidad, de manera consciente o inconsciente, a través de tus sentidos físicos (vista, oído, olfato, gusto, tacto). Estás expuesto a una gran cantidad de información por milésima de segundo que es captada de manera inconsciente por tu mente. Cuando retienes información negativa de manera inconsciente, puede cambiar tu estado anímico sin que sepas realmente la causa. Interpretas los conceptos, emites juicios y razonas en función de la interpretación que haces del mundo, de ti y de lo que te sucede. A ello, añadimos, los instintos, la genética, las hormonas, los filtros culturales, educativos, sociales, las vivencias, las experiencias pasadas, los paradigmas, los referentes, las creencias y los valores, creando miles de posibilidades y dando lugar a tu pensamiento. Los instintos, sobre todo los de supervivencia, protección, familiaridad y territorialidad, despiertan villanos como el miedo, la ira, el ego, el exceso de control, el pesimismo, la inseguridad o el apego. Lo hacen de manera inconsciente y actúan en ti haciéndote hablar a ti mismo y a otros de una determinada manera. En parte marcan tus creencias y tus valores. Aquello a lo que le das especial importancia.

Le sumamos la parte genética donde la tendencia a la positividad o negatividad también se puede ver acentuada. En toda conversación existe algo o alguien que escuchamos, aquí se añaden los referentes ¿a quién escuchas cuando te haces

10. El lenguaje de la mente

una afirmación? Si no lo sabes y le confieres todo el poder, hasta ahí llego tu libertad emocional. Añade a este cóctel explosivo a tu círculo de amigos, del trabajo, los acontecimientos mundiales, el tipo de información que entra diariamente en tu mente y obtienes tu pensamiento. Cuidar la información que recibes y emites forma parte de tu salud mental. Tu forma de hablar revela tu manera de pensar y en la que te hablas a ti mismo. Más del 90 por ciento de la población no se plantea estas cuestiones y crea una realidad que cree que es la única y la auténtica, aquí se pierde una gran cantidad de posibilidades para conectar con otras personas y ser más flexibles. Empiezan los malentendidos con todo aquello que escuchamos, vemos o sentimos que no está acorde con nuestra forma de pensar o de interpretar la "supuesta realidad". En el momento en que realizas cambios en alguno de los elementos que influyen en el pensamiento puedes cambiar tu forma de hablarte y de relacionarte con los demás. ¿Con quién pasas más tiempo comunicándote? Es evidente que contigo, de manera consciente o inconsciente y eso marca la manera en la que te relacionas con los demás.

Los pensamientos configuran la manera en la que te relacionas con los demás. En la actualidad el exceso de información hace que puedas perder más el control de tu pensamiento y sean otros los que dirijan tus decisiones o preferencias. Sobre todo, activan los villanos de la inseguridad, el miedo y el ego. Para evitarlo, ten claros tus objetivos, anótalos, visualízalos. Chequea bien la información que recibes, pregúntate para qué la quieres, si te acerca o te aleja de tus objetivos.

Las emociones que nos producen las experiencias que vivimos se traducen en un diálogo interno (que suele ser una contradicción de pensamientos) con nosotros mismos que condiciona la forma en la que nos vamos a comunicar con los otros. Uno de los ejercicios que más difícil resulta cuando entrenamos la mente, es poder captar el propio diálogo interno (donde una parte de ti te dice qué debes hacer, y la otra lo que quieres hacer). Ese diálogo interno es un resonar al que normalmente no prestamos atención, para evitar enfrentarnos a nuestros miedos y barreras. Más de un veinte por ciento de la población no es capaz de escuchar su diálogo interno. A partir de que eres capaz de escuchar tu propio pensamiento tus palabras, tus frases qué en la mayoría de las veces, repites una y otra vez, inicias a manejar tu pensamiento. Nos empeñamos en qué los demás piensen y se comporten como nosotros creemos que se deben comportar y pensar así y si no lo hacen simplemente los rechazamos, los criticamos o nos enfadamos, incluso nos convertimos en víctimas pensando que no nos entienden. Dejamos pasar oportunidades para entender otros puntos de vista que tal vez nos aporten más de lo que pensamos. Perdemos nuestro poder de entender y hacernos entender. Esto ocurre con más frecuencia cuando la persona piensa que lo sabe todo, que lo que vale es lo que dice, cuando se cree en posesión de la verdad. En el fondo hay mucho miedo a perder el control, el ego, la inseguridad y la soberbia hacen el resto. Tus momentos de frustración, tus fracasos no son más que la antesala de tu aprendizaje al éxito.

El despertar. La Zona de Inflexión
En diferentes momentos de tu vida tendrás "zonas de inflexión", momentos que hacen cambiar el rumbo de la vida. En una historia, para que existan héroes y villanos, es necesario que exista una razón por la que luchar y un campo de batalla en el que se desarrollen los acontecimientos. Todos, tenemos nuestra propia historia. En tu historia tú eres el protagonista, donde tienes armas, tus héroes o heroínas y tus enemigos, tus

10. El lenguaje de la mente

villanos, con los que combatir. Cuando no eres consciente la vida te pone a prueba para que tomes conciencia y empiece tu auténtica batalla, esa por la que vale la pena luchar. Hay decisiones trascendentales, barreras que superaste, experiencias que te marcaron, palabras que te inspiraron, decisiones que tomaste o dejaste de tomar y que de pronto hacen click en tu cabeza.

De pronto, todo encaja, y te hace dar el paso hacia el cambio. Puede pasar mucho tiempo hasta que descubras tus zonas de inflexión, pero cuando abres tu mente y entiendes el significado de tu historia acortas mucho tiempo, descubras historias tal vez innecesarias para vivir otras mucho más atractivas y conectadas con lo que de verdad quieres lograr. Si no escuchas tus momentos de inflexión, llega un momento en tu vida en el que, aunque no tengas una razón clara aparentemente, te bloqueas, tocas fondo. Un día te levantas y te das cuenta de que lo que antes te gustaba deja de gustarte, te aburres, sientes apatía o estás desmotivado. Estás en automático y necesitas bajar de ese ritmo frenético que la vida te puso para encontrar respuestas. Empiezas sin remedio a escuchar a tu cabeza, a tu cuerpo, lees lo que te están diciendo las circunstancias de la vida que te enfrentan al reto, a esa zona de inflexión y todo cambia. Si no escuchas las señales hay un momento en el que la vida te saca a la fuerza de tu zona de confort o de la situación a la que te acostumbraste. No hay vuelta atrás. Estás dentro del péndulo de la vida y de las circunstancias, pero no estás en paz y equilibrio contigo mismo. Es cuando, de pronto, descubres que el trabajo que tienes no te llena, que no conectas con tus amigos, con tu pareja, que por mucho que hagas hay un vacío existencial que necesitas llenar. No es más que la necesidad de leer más allá de lo obvio, hacia dentro de ti, hacia lo más profundo, quitando una y otra capa para llegar a tu auténtico ser. Si no lo haces, de pronto sucede algo surrealista que hace que tengas que dejar tu trabajo, esa pareja que ya no te aporta, esos hábitos que ya no van contigo.

Mientras escuchas el ruido de fuera, no escuchas en tu interior y la batalla se está ya preparando.

Sordera interior
Practicamos la comunicación externa hasta el punto de que nos volvemos sordos interiores, no escuchamos la conversación más trascendental de todas, la que mantenemos con nosotros mismos, con nuestro yo interior. Perdemos la parte de autoconsciencia que nos hace libres de los ruidos externos. Culpamos la mayoría de las veces a otros de lo que nos ocurre y juzgamos a los demás de lo que no nos ocurre como si no fuésemos parte de la escena, sin tener en cuenta, que, aunque sea pasivamente, formamos parte de la zona de inflexión. La auténtica sabiduría está relacionada con las vivencias personales, tanto las positivas como las negativas. No podrás repetir tu éxito si no aprendes de él. Conoce las reglas del juego, mantén tu disciplina mental, utiliza las palabras de poder, responde a las 18 preguntas de poder y comprueba los resultados tú mismo.

Reglas del juego antes de iniciar tu batalla.
1- Elige bien la montaña que vas a escalar.
2- No te metas en la batalla de otro.
3- Sal de tu zona de confort.
4- Aprende de cada vivencia.
5- Identifica tus héroes y villanos.
6- El pensamiento distorsiona la realidad para protegerte, pero no es real.

10. El lenguaje de la mente

7- Disciplina mental.
8- Entrenar el diálogo interno.

Campo de Batalla.
Aprende a utilizar las palabras y preguntas poderosas
El manejo del Lenguaje de la Mente requiere de "palabras de poder" que están directamente relacionadas con el diálogo interno que mantienes contigo mismo en los momentos de éxito. Son esas palabras y sensaciones que te dices para ponerte en marcha. Por ejemplo, cuando dices "yo puedo. lo voy a conseguir, ya lo hice lo puedo volver a lograr, etc.". Recuerda algunos de esos momentos y de esas palabras, te darás cuenta de cómo se repiten, anótalas. Ves creando ese listado de palabras de poder, como ya te mencioné anteriormente.

Las 18 preguntas poderosas
Te ayudarán a combatir a tus villanos y despertar a tu héroe o heroína. Responde por escrito y reflexiona sobre tus respuestas.
1. ¿Sé cuál es mi propósito de vida?
2. Y si lo sé, la pregunta clave es ¿para qué quiero lograrlo?
3. Si no lo sabes piensa en los momentos o situaciones en los que mejor te sientes, no importa lo que sea, deja que te venga a la mente la sensación.
4. O piensa ¿en qué me gustaría emplear la mayor parte de mi tiempo? ¿qué me está diciendo mi entorno que tengo que aprender y no estoy viendo?
5. ¿Cómo me veo o percibo? ¿Realmente lo sé?
6. ¿Cómo me ven, cómo me perciben los demás?
7. ¿Cómo me gustaría verme o percibirme?
8. ¿Cuáles son mis principales virtudes y habilidades? ¿en qué soy excelente?

9. ¿Qué es lo que de verdad me hace feliz?
10. ¿Qué me apasiona y me pone en marcha?
11. ¿Qué no quiero en mi vida?
12. ¿Cuáles son mis objetivos? ¿Qué necesito para alcanzarlos?
13. ¿Este pensamiento, situación o persona me aleja o me acerca a lo que de verdad yo quiero?
14. ¿Si no tengo los recursos sé que hacer para tenerlos?
15. ¿Qué pensamiento o pensamientos tóxicos me vienen a la cabeza y me limitan a la hora de ponerme en marcha?
16. ¿Qué puedo aportar de máximo valor a los demás?
17. La pregunta más importante ¿estoy dispuesto/a pagar el precio por realizar el cambio en mi vida?
18. Recuerda que es lo que seguro no quieres y te será más fácil averiguar lo que sí quieres.

Los 15 Arquetipos
"Ni tu peor enemigo puede hacerte tanto daño como tus propios pensamientos"
Buda

Los héroes y villanos viven en tu cabeza. Su campo de batalla es tu mente, y ambos lucharán por convencerte de lo que debes, o no, hacer. Elige bien tus batallas. Lo que no merezca la pena, deséchalo, no dejes que el orgullo, el apego o el ego se apoderen de ti y te enreden en historias o batallas que no son las tuyas. Contestar, de manera concreta, clara, decidida y por escrito, a las 18 preguntas de poder te ayudará a conseguirlo. Cuando no lideras tu mente, buscas algo a lo que aferrarte para sentir que formas parte de algo o simplemente que tienes una dirección, pero asegúrate que es la correcta. Dedica tiempo a pensar y a diseñar tu estrategia del cambio o las circunstancias te forzarán a hacerlo en algún momento. A la mente le encanta divagar y la mayoría de las frustraciones

10. El lenguaje de la mente

Juego de Roles. Las Batallas de la mente.

- ROL 1. Combatir el miedo y el ego
- ROL 2. Combatir la ignorancia
- ROL 3. Combatir la apatía y postergación
- ROL 4. Combatir la negatividad
- ROL 5. Combatir la desvaloración
- ROL 6. Combatir a los jueces
- ROL 7. Combatir pensamientos tóxicos

En el Juego de la imagen personal que proyectamos hay 5 Combates que influyen especialmente: el ego, el miedo, la postergación, el autosabotaje, la ira y la desvalorización. Vamos a conocerlos un poco más...

Es la identidad que creamos de nosotros mismos en base a nuestras vivencias, experiencias, creencias, valores, cultura y educación. Una realidad que creamos en el momento presente. Si tomamos todas las creencias de lo que somos, las creencias acerca de nuestra personalidad, nuestros talentos y habilidades, tenemos la estructura de nuestro ego. Por tanto, las habilidades, talentos, y aspectos de tu personalidad son atributos de tu experiencia y conocimientos adquiridos, pero la construcción mental del "yo" es artificial. Son autoafirmaciones que te haces a ti mismo sobre tu identidad. El ego, como todos los villanos, puede ser positivo (ego auténtico) o negativo (el alter ego). Es positivo cuando te hace consciente de tu identidad desde la autoconciencia ante el mundo. Se vuelve negativo cuando se torna un falso yo. El principal problema de este villano es que te hace ver el mundo sólo desde tu punto de vista y que te cueste mucho hacerlo desde el de otra persona. Es enemigo de la empatía y asertividad. Normalmente hace que la persona muestre su cara más agresiva. La palabra ego es sinónimo de un "falso yo". Cuando éste se eleva, crea una ceguera o falsa imagen de uno mismo, aumentando la percepción de la propia valía. Esto provoca a quien lo sufre que se crea con más derechos, hace que la persona sienta que está por encima de los demás, lo que le lleva a actuar de forma tirana y agresiva. Se suele confundir el ego con la alta autoestima, en realidad, es todo lo contrario.

En contraposición, la Autoestima, que es la Heroína del ego se basa en la realidad que acepta los errores, aprende y no se considera por encima ni por debajo de nadie. El ego suele estar formado por creencias y pensamientos creados en nuestra propia cultura y sociedad donde adquirimos máscaras para interactuar lo mejor posible en el teatro de la vida, ello nos lleva a sufrir miedos, inseguridades y frustraciones que arrastramos y tapamos bajo la máscara del ego. Esperamos ser reconocidos para alimentar esa inseguridad oculta e inflada por las expectativas y deseos de ser importantes, de estar por "encima de". Descubrirlas nos ayuda a ver el mundo de otra manera superando las barreras que nosotros mismos nos imponemos para sobrevivir. El ego puede confundir entre quererse uno mismo o construir una imagen irreal que presentamos como una máscara ante los demás.

"El ego te dice lo que eres falseando la realidad para protegerte ante lo social, busca reconocimiento, aprobación, control. Es temeroso de perder su poder"

Se forma en base a las experiencias, miedos, heridas sufridas y aprendizajes. La función del ego es defenderte de todo aquello que has sufrido, de hechos, palabras que se quedaron grabados en tu identidad y que te marcaron repitiéndose en tu inconsciente, haciéndote vulnerable. El ego suele tener una

10. El lenguaje de la mente

visión muy limitada de su propia realidad. Sólo acepta su punto de vista y su forma de aceptar el mundo. El egoísmo es una de las facetas más dañinas y destructivas en todos los ámbitos, personal y profesional, cuando se convierte en villano desata otros muchos más. El ego quiere que todo se haga como él desea casi al milímetro según sus paradigmas y creencias de lo que está bien o mal. Hace que te estés comparando constantemente. No soporta que otras personas puedan tener más éxito. Despierta a la villana de la envidia. No te dejes manipular. Enfócate en tus éxitos y en tu aprendizaje. Se alimenta de tus miedos.

Es el responsable de que no tengas claro el propósito de tu vida y te confundas con lo que crees que debes hacer, tener o ser para quedar bien con los otros o recibir su reconocimiento. Provoca una mala comunicación y despierta a otros villanos.

¿La emoción más fuerte que genera? El Miedo.
Del ego también nace:
- El victimismo
- La envidia
- La manipulación
- El egocentrismo
- La ignorancia
- La resistencia
- La Inseguridad
- Pensamientos y relaciones tóxicas.

Lo identificas con situaciones como las siguientes:
- Tu estado anímico depende de situaciones u opiniones externas que ni siquiera están en tus manos. Si coinciden con lo que tu consideras que está bien te sientes bien y si no el mundo se te hunde.

- Todo te ofende o te produce vergüenza. Crees que todo el mundo está en tu contra. Te lo tomas todo personal y no eres capaz de ser objetivo.
- Estás en modo piloto negativo y tratas de que la realidad se amolde a tus necesidades y no de adaptarte tú a la realidad, produciéndote estrés y ansiedad.
- Cuando tratas de cambiar a otros para que se adapten a tu realidad o tus deseos de lo que deberían ser.

ROL: COMBATIR EL MIEDO
Es una emoción con la que nacemos y que se puede aprender a controlar. Se trata de una emoción básica de supervivencia, se produce en respuesta a un estímulo específico de dolor o amenaza, y transmite peligro para nuestra integridad, física o psíquica, o la de nuestros seres queridos.

- La reconoces porque se manifiesta como una angustia o sensación de amenaza o peligro real o imaginario, presente o futuro. Puede ser física o emocional (la autoestima) o cuando sientes o crees que no va a ocurrir lo que deseas. Aunque su papel fundamental es protegerte, la mayoría de las veces los miedos aparecen de manera irracional, tóxica y limitan todo tu potencial.
- El miedo se desarrolla por otros miedos primarios con los que guarda relación, por ejemplo, colores o sonidos que te recuerdan una determinada situación y que se activan cuando inconscientemente este aparece. Es curioso que el miedo al daño físico provoca en nosotros las mismas reacciones que el miedo al dolor emocional.
- El miedo, en un principio, es bueno, te aleja de lo que crees no estás preparado para afrontar. Se trata de una emoción que se enciende con mayor o menor intensidad según el tipo de pensamientos y creencias que tengas acerca de una situación o

10. El lenguaje de la mente

suceso. Por eso la clave de nuevo es el pensamiento.
- ¿Qué pasaría si no experimentáramos miedo? La respuesta es que tomaríamos decisiones temerarias y posiblemente moriríamos. El miedo es una emoción instintiva que nos ayuda a proteger nuestra vida.

Con el miedo, el ego nos atemoriza y nos vuelve extremadamente influenciables por la negatividad. Todo se convierte en una amenaza, en un peligro, en negativo; de esta manera, el ego nos engaña y distorsiona la realidad, haciendo que perdamos nuestra autoestima y confianza, pasando con facilidad a la autocompasión, aunque es posible que externamente nos manifestemos de manera agresiva.

Las principales sensaciones que provoca el miedo son:

- Todo te provoca miedo, es una amenaza, te hace vulnerable, empiezas a ver la parte negativa de todo,
- Te sientes vulnerable. Te paraliza, no te deja tomar decisiones, ni ver oportunidades.
- Hace que repitas una y otra vez los mismos errores porque estás bloqueado y eres incapaz de tomar decisiones.
- El miedo bloquea la mente y apaga tu creatividad. No puedes ver otras oportunidades.
- Te distrae de lo que de verdad es importante y amplía los fantasmas.
- Te aparta de lo que tiene valor, dejando de cumplir tus compromisos y haciéndote sentir cada vez peor,
- Hace que sientas que no mereces el éxito, no mereces triunfar.
- Provoca el llanto, la huida.
- Te hace sentir inseguridad. Necesitas la aprobación de otros.
- Te hace pasar a un segundo plano anulando tu autoestima.

- Puede volverte demasiado crítico.
- Hace que busques la aprobación continua de los demás;
- Dejas de escuchar. Todo lo enfocas en el peligro.

La cara positiva del miedo. Los villanos siempre tienen dos caras, implican que el héroe está en la otra parte del propio villano. Pero cuando sólo ves una cara se convierten en cadenas que oprimen tu independencia para seguir tu camino y ser quien de verdad estás destinado a ser. El miedo te protege. El miedo es una emoción básica que transmite peligro para tu integridad física o psíquica o la de tus seres queridos. Puede provocar lucha, huida o parálisis. Supone una perturbación del ánimo ante un riesgo real o imaginario. Su papel fundamental es tu supervivencia. Te hace reaccionar para adaptarte al medio con el objeto de protegerte, esta es su parte positiva. Te ayuda a regular las decisiones o pasos que debes tomar. El miedo provoca la retirada o parada para prepararte ante una situación. Escúchalo para reconocer bien cómo habla tu ego y poder combatirlo. Si primero no lo reconoces, convertirá tu pensamiento en una bola de nieve imparable a la que se irán apuntando más y más villanos. El miedo y la ansiedad vienen por exceso de pensar en el futuro, igual que la culpa o la tristeza por exceso de pensamiento en el pasado. Céntrate en el presente y en el ahora y afronta tus miedos con valentía. Recuerda que en tus mayores villanos están tus mayores héroes. El miedo es uno de esos villanos poderosos que cuando le das la vuelta se convierte en tu escudo, precaución, escucha, atención, percepción, solo hay que saber manejarlo y la mejor manera de hacerlo es reconocerlo.

Héroes para combatir el miedo, el ego y la arrogancia.
El miedo y el ego se combaten con los héroes como la

10. El lenguaje de la mente

autoconfianza y el conocimiento.

La heroína "autoconfianza". La autoconfianza te libera del ego, del control, del miedo, del apego. Te hace libre para explorar nuevas oportunidades, ser asertivo, salir de tu zona de confort. Las siguientes preguntas te pueden ayudar a reflexiona e indagar un poco más dentro de ti.

- ¿Quién eres?
- ¿Qué quieres?
- ¿Cuál es tu objetivo?
- ¿Para qué lo quieres?
- ¿Qué te impide conseguir lo que deseas?
- ¿Se trata de un miedo real o irracional?
- ¿Cómo cambiaría tu vida si fueses capaz de afrontarlo?
- ¿Realmente el éxito te da miedo? ¿te autosaboteas?
- ¿Imaginas cómo te vas a sentir afrontando eso que te da tanto miedo?
- Ponte en acción y arriésgate, lo único que puedes perder es la oportunidad de aprender, cómo hacerlo mejor o cómo lo has logrado para volver a realizarlo de nuevo.

Toma las riendas y recuerda que el miedo es una oportunidad de crecimiento para salir de tu zona de confort y crecer. Toma la decisión y confía en tus posibilidades.

El héroe "conocimiento" para combatir el "miedo". El conocimiento aviva la autoconfianza. Es el recurso más valioso, la manera más eficaz de combatir el miedo. Que tu mente entienda apaga la incertidumbre y aviva la ilusión por tomar la decisión, por seguir adelante. Te dará seguridad y valentía para actuar. El miedo de la incertidumbre se combate con conocimiento. Observa si has dejado el control de tu mente en las manos del miedo, de lo que "pudo ser" o de lo que "podría ser". Céntrate en el ahora y en tu objetivo. La incertidumbre del pasado puede provocarte depresión y el futuro ansiedad.

El héroe utiliza frases y palabras de poder, como:

_ «¿de qué me estoy protegiendo?»
_ «¿qué puede pasar?»
_ «adelante»
_ «puedes»
_ «no hay nada que temer»
_ «sé cómo funciona»
_ «sino lo sé lo aprenderé»

Recuerda que: la mayoría de nuestros miedos nunca se cumplen. Cuanta más información recojas más armas tendrás para luchar contra el miedo. Observa si has dejado en manos ajenas el control de cómo sentirte o decides y eres capaz de cambiar tu estado de ánimo. Céntrate en el ahora, y en tu objetivo, la mayoría de nuestros miedos nunca se cumplen.

Pasos para combatir el ego. Para combatir el ego hay que seguir unos pasos sencillos pero que requieren de mucha conciencia y valentía. Especialmente, porque supone desenmascarar y evitar lo que precisamente lo alimenta y lo hace grande.

1. Libera tu mente de la necesidad de ser el mejor.
2. Deja de sentirte ofendido.
3. Abre la mente, olvídate de tener siempre razón.
4. No dependas de si te va bien o no, de tus logros.

Autoafirmaciones para superar el ego

10. El lenguaje de la mente

1. Si te sientes siempre ofendido. Autoafirmación: "NO es nada personal".
2. Si quieres siempre ganar. Autoafirmación: "lo haré lo mejor posible y si no aprenderé cómo hacerlo mejor la próxima vez". Aprende de tus errores con humildad
3. Si quieres tener siempre razón. Autoafirmación: "abro mi mente a otras opiniones con aceptación y respeto"
4. Si te sientes superior. Afirmación: "de todo el mundo se puede aprender, escucho con humildad y sin altivez"
5. Si quieres tener más. Afirmación: "Estoy bien, tengo los recursos que necesito, fluyo sin deseo y disfruto de cada momento con calma y armonía"
6. Si te identificas con los logros. Afirmación: "yo no soy lo que logro, soy lo que soy y comparto"
7. Si buscas reconocimiento de otros. Afirmación: "soy completo, no necesito el reconocimiento de otros para actuar hacia mi objetivo"

ROL: COMBATIR LA POSTERGACIÓN

La apatía y la postergación nos hablan a través de las Villanas la tristeza y la pereza.

El villano de la postergación (o procrastinación) afecta a un alto porcentaje de la población. Puede crear el mal hábito de "dejar para mañana lo que puedes hacer hoy" e impedirte alcanzar tus objetivos personales o profesionales. Desde una tarea en el trabajo a querer mantener una dieta o estudiar un nuevo idioma. Es el mayor enemigo de la productividad personal y profesional. La procrastinación es el retraso innecesario y voluntario, en el inicio o en la finalización de una tarea a pesar de creer que vas a estar mejor si cumples con ella y que no cumplirla tiene unas consecuencias negativas claras (cuando es laboral) o personales (frustración de pensar que no

10. El lenguaje de la mente

lograr lo que te propones) y su sustitución por otras menos importantes o agradables. El origen es que tu mente asocia más dolor con realizar la acción que con posponerla. Recuerda que tu mente busca evitar el dolor. El pensamiento te engaña haciéndote creer que deseas hacer algo cuando en el fondo no es así, te puede hacer perder la autoconfianza y dudar sobre tus propias capacidades, cuando en el fondo es un tema de rechazo o incomodidad. No has sabido sacarle la parte buena a lo que se supone quieres o tienes que hacer (en el trabajo, no hay más, si buscas la manera de ver la parte positiva o que te motiva te pondrás en marcha) o darte cuenta de que en realidad no lo deseas (cuando te empeñas en aprender portugués cuando en realidad ni lo necesitas ni te apetece). Está demostrado que postergamos aquello que nuestra mente considera aburrido, incómodo, peligros, estresante, difícil o desagradable. Ante este tipo de situaciones la mente se agobia y te puede generar ansiedad o estrés. Por ejemplo, pensar en ese informe que tienes que entregar y que no te apetece nada hacer. Este villano te genera un alivio pasajero de no tener que enfrentarte a lo que en realidad no te apetece hacer. Posponer indefinidamente implica un desgaste mental y de energía, te puede generar sentimientos de culpa, frustración, ansiedad por no llegar o ser lo que crees que debes o tienes que ser o hacer. Por otro lado, te hace sentir culpable, frustrado o inseguro. Normalmente este villano te va a atacar más en las acciones que te dices a ti mismo que quieres hacer que a las que te impongan otros. El miedo a una mala valoración, recibir una reprimenda o quedar mal, puede hacer que te pongas las pilas.

Este villano aparece porque:

- Miedo a no saber hacer la tarea. Por ejemplo no sentirse

capacitado para terminar un informe y dejarlo para última hora.
- Pensar que la tarea se va a resolver con el tiempo y ya. Ejemplo, no hacer la comida pensando que tu compañera de piso traerá algo para comer.
- No te sientes bien, tienes un estado emocional bajo. Hay una tendencia a la pereza, una falta de motivación y de emoción en lo que emprendes.
- Tienes dependencia emocional, estás acostumbrado a que otros te resuelvan y no te motiva hacer algo solo.
- Te cuesta decidir. No quieres equivocarte y terminas por no decidir nunca o no estar seguro de lo que decides.
- Tus metas son demasiado ambiciosas. Quieres hacer las cosas de manera perfecta y te pones expectativas muy altas, agotadoras antes de iniciar la tarea y que te hacen dejar tanta actividad para más adelante.
- Evitar el éxito. Hay que personas que no saben llevar el éxito, y aunque sean capaces de hacerlo no lo hacen, simplemente por no afrontar el después. Ejemplo, no terminas el proyecto que sabes puede ser decisivo en tu carrera profesional, no cambias a un trabajo mejor.

Heroínas para combatir la postergación. La Acción y el Conocimiento.
La clave está en cómo manejas tu estado emocional. Si convences a tu villano de que te vas a sentir mejor si haces esa tarea te aliviarás y posiblemente te pongas en marcha. Necesitas bajar esa sensación de agobio que te produce la actividad que estás postergando. Obtener la información que necesitas, los recursos que necesitas para estar preparado para afrontar la actividad que te planteas reduce tu estado de incertidumbre. Hay preguntas clave, las preguntas "anti postergación" que te ayudan a salir de ese estado de postergación. ¿Para qué vas a hacer lo que dices que tienes

que hacer? ¿Qué necesitas para ponerte en marcha? ¿Cómo te vas a sentir cuando lo logres? La preparación es una herramienta clave para reducir la incertidumbre y reducirá las posibilidades de la postergación. La heroína contra la pereza, apatía o postergación que no falla son la acción y los hábitos saludables. Utiliza las sensaciones de bienestar que vas a tener realizando lo que tienes que hacer, no la escuches. No te autocastigues, sé amable contigo mismo. Esto contrariamente a lo que se pueda pensar hará que postergues menos. Cree en ti. La autocrítica aumenta la voz del villano de la postergación. Utiliza el "reencuadre positivo": ¿qué te gusta de lo que vas a hacer? realiza las preguntas anti- postergación. Incluso permítete postergar conscientemente un determinado tiempo y seguir con ella, es una manera amable de negociar con tu mente la puesta en marcha sin autocastigo ni autocrítica. Amplifica la voz de tu heroína. Si no te es posible… no des demasiada rienda al diálogo. Hazlo y ya. Crea rutinas y hábitos que te hagan ponerte en marcha sin pensarlo demasiado. Busca lo que te activa. Utiliza elementos externos como la música, el deporte… todo aquello que haga que tu cuerpo se active. Un sonido o música que te guste, olores que te relajen, sensaciones que descarguen tu estrés, un sabor agradable como el chocolate… Todo aquello que despierte tus sentidos.

Enfócate en tus objetivos, deja que tu héroe lleve la voz cantante y ¡ponte en marcha! Cuando no puedes, o quieres, pensar la mejor manera de activarte es hacerlo a través de los sentidos. La postergación es una consecuencia de la pereza. Destruye las ilusiones y los sueños, es el envejecimiento vital de la motivación. Por eso hay que combatirla en cuanto aparezca o producirá adicciones contrarias a todo lo que queremos lograr, agarrándose con fuerza a lo que ya conoces y no te dejará avanzar. Ser consciente de que tienes el recurso y la

10. El lenguaje de la mente

energía para ponerte en marcha puede activarte de una vez.

La parte positiva de la pereza o postergación. Hay razones evolutivas — fueron muy ventajosas para nuestros ancestros— para recuperar energía tras mucha actividad con la caza. Durante el descanso, nuestros tejidos se recuperan, segregamos la hormona del crecimiento, aumenta nuestra creatividad, cuando estás relajado surgen las soluciones e incluso algunos estudios dicen que aumentamos nuestra inteligencia con el descanso.

ROL: COMBATIR LA NEGATIVIDAD - EL AUTOSABOTAJE

El objetivo de este villano es sabotearte cuando te propones alcanzar una meta importante para ti. Sabotea tus avances y le da un fuerte golpe a tu autoestima. Su origen es un miedo que ha quedado dormido en el inconsciente. De pronto te sale sin reconocerlo, escudado por las excusas o provocadas inconscientemente por ti mismo para impedirte llegar a lo que realmente deseas. El éxito es el mayor enemigo del autosabotaje. El fracaso suele generar frustración y culpa. El autosabotaje huye del éxito, es algo que evita, es el peor enemigo para lograr tus objetivos porque vive en tu mente, no te puedes despegar de tu yo. Puede ser consciente o inconsciente y consigue evitar momentos importantes de tu vida.

El autosabotaje puede ser resultado de valores muy rígidos o creencias limitadoras que quedaron grabadas en tu mente como muros infranqueables, sino tomas conciencia así mismo los transmitirás a tus hijos o tus equipos. Valores como la responsabilidad, la humildad, el éxito, el sacrificio, el poder, son algunos de los valores sobre los que pilota este villano.

Plantéate qué sentido tienen para ti estos valores y observa si en alguno de ellos está la causa de tus autosabotajes. El autosabotaje te puede llevar a que soportes situaciones que en otras condiciones no aguantarías. Te dice que debes quedarte cómo estás, aunque no te haga feliz porque lo que hay fuera es mucho peor. Ese es el caso del que no está feliz en su trabajo —pero tampoco intenta cambiar— o del que se lamenta de que su pareja no le hace caso —aunque sigue con esa persona— o situaciones en las que te dices que no lo vas a conseguir. Este villano hace que postergues las decisiones importantes, lo que quieres realizar, sobre todo, en objetivos personales. Desde no dejarte perder peso hasta no poner en marcha tu proyecto. Busca excusas, las crea o las atrae para evitar el logro.

Algunas formas rápidas de comprobar que este villano se instaló en tu mente es comprobar si:

- Niegas tus sentimientos y deseos.
- Te comparas con otros y te sientes inferior.
- Sientes de pronto un miedo intenso o inseguridad.
- Tienes la sensación de que no controlas.
- No acabas lo que empiezas o lo retrasas.
- O puede que llegues al sacrificio extremo sin escucharte lo que realmente necesitas.
- Te pones excusas para no seguir adelante con un proyecto o un objetivo.
- Evitas hacer lo que de verdad es importante, y empiezas con lo menos importante.
- Te cuesta poner objetivos y dejas las cosas antes de terminarlas.
- Aparece la crítica y el perfeccionismo.
- Buscas excusas cuando quieres hacer algo que te gustaría.

10. El lenguaje de la mente

Este tipo de autoafirmaciones refuerzan tus creencias limitadoras y bloquean tu potencial. Terminamos haciendo realidad las palabras que nos decimos constantemente. Nuestro pensamiento se hace eco en la realidad que nos toca vivir. El autosabotaje en otras ocasiones se refleja en el miedo a salir de la zona de confort y de arriesgar. Es posible que te haga sentir víctima, a pesar de que sólo tú tienes la clave para resolver y dejar atrás la frustración. La decisión, al final, depende de ti. ¿A quién vas a escuchar? ¿A tus villanos o a tus éxitos anteriores? Recuerda que siempre hay situaciones de éxito y felicidad, aunque sean pequeñas y que podemos tomar como referencia. Sin embargo, incluso la gente exitosa que tiene este villano se autosabotea, pronto olvidan sus éxitos, sus logros. Otro caso frecuente del auto saboteo es cuando recuerdas palabras o frases que se marcaron en tu cabeza, tal vez «papá» o «mamá», y, al tocar determinados temas resuenan sin control provocando el autosaboteo.

El autosabotaje es aliado del miedo y la postergación.

ROL: COMBATIR LA NEGATIVIDAD - IRA

La ira aparece normalmente cuando sentimos que algo o alguien choca con nuestros intereses. Vemos amenazados nuestros objetivos o necesidades. Esa amenaza puede ser real o ficticia. Se basa en la agresividad para defenderte ante quien ves como posible agresor. Provoca enfado, sentimientos de indignación y frustración, esta última es la clave en la ira. Aparece de manera rápida y sin control cuando algo o alguien se convierte en un obstáculo para tus objetivos o intereses. Sientes una injusticia que amenaza tus derechos, libertades u opiniones.

10. El lenguaje de la mente

La ira te dice que se podría haber evitado si otro te hubiese tenido en cuenta o hubiese actuado de otra manera. Consideras que hay una injusticia hacia tu persona. Cuando la amenaza es ficticia o la reacción es desproporcionada puede causarte daños emocionales y físicos e incluso romper relaciones. Provoca rechazo en los otros. Las experiencias, la educación, la edad, las hormonas, todo influye en el control de este villano. Una buena educación emocional ayuda a controlar la ira. Supone uno de los mayores combates contra la negatividad. La ira aparece cuando algo se interpone en lo que queremos; por ejemplo, el tener que llegar a un lugar a tiempo y que el tráfico nos lo impida, puede provocar la ira. Lo más habitual es que nos provoquen ira las personas que chocan directamente con nuestros valores principales o se interponen en nuestros objetivos. Cuando este villano se apodera de ti puede producir problemas en las relaciones interpersonales, una predisposición hacia la ansiedad e incluso ataques cardiacos. ¿Te ocurre a menudo o solo en ocasiones? Manejar la ira empieza por saber qué y cuanto te dura esta emoción. Cuanto más localices situaciones que te provocan ira o enfado y el tiempo que te dura esta emoción, más podrás controlarla. Nace como una emoción inconsciente a la que si no empiezas a dominar puede dominar tu vida y arruinar más de un momento importante.

Expresar la emoción es el primer paso para liberarte de ella. El siguiente paso es desarrollar la empatía, entender el efecto de las palabras y actos sobre los demás. Negarte a expresar lo que sientes o reaccionar con conductas violentas se combate tomando conciencia de cómo te está afectando física y anímicamente, cómo afecta a tus relaciones, primero a las más cercanas y luego tu entorno laboral.

10. El lenguaje de la mente

La ira se alimenta de tus suposiciones y de tus creencias sobre lo que el otro debería o no hacer. Cuando el enfado es desproporcionado con el suceso abre tu mente. Cuando supongas lo que ha pasado, simplemente di que es posible que la persona no se diera cuenta, que tiene un problema, que no es nada personal. Cuando esté justificado tu enfado, deja que pase tu momento taza caliente (momento álgido de la emoción, en el que pierdes los nervios y darías cuatro voces) cálmate, busca soluciones, enfócate en tu objetivo y no entres en el juego del otro, no intentes argumentar o justificar las estupideces del otro para tener razón, te arrastrará a la insensatez y sinsentido del otro. En la ira también influye la aceptación de ésta en el grupo, si se tiene como una conducta habitual reforzará a este villano. Intenta tomar distancia de ese entorno para controlar tu ira y ver cómo te sientes.

La ira se combate con la serenidad y la empatía. Para combatir la ira hay que identificar qué cosas o situaciones nos enfadan y nos impiden llegar a nuestros objetivos. La serenidad se toma su tiempo, no emprende el diálogo hasta que la ira no se ha calmado y es, en ese instante, cuando se vuelve fuerte y puede analizar con su diálogo lo sucedido, y convencer a la ira de que todo está bien y de que tal vez está sacando conclusiones anticipadas.

La perseverancia te ayuda a combatir la frustración, te impulsa a volver a intentarlo y los fracasos los interpreta como un aprendizaje en cómo no hacer algo y un nuevo camino para seguir hacia delante.

La aceptación te ayuda a soltar la ira, calmar la mente y tomar fuerzas para un nuevo camino, tu camino. Es importante para que puedas avanzar. Soltar la envidia, centrarte en tu propia historia y ver oportunidades que te enfoquen hacia tu objetivo. En el momento en el que le restas gravedad a lo que sucede, empiezas a fluir de manera más positiva. Te liberas de una carga pesada. Recuerda que cada persona tiene su propia batalla, sus héroes y villanos, y tú ya tienes bastante con la tuya, no intentes cambiar a nadie. Cambia tú, siéntete bien, libre y todo cambiará a tu alrededor. Para superar un conflicto es necesario trabajar la aceptación, que no sumisión.

¿Cuál es la parte positiva de la ira?
Nos proporciona información para entender dónde están nuestros límites y los de los demás y hace que siempre estemos atentos para conocer qué nos importa y cuáles son nuestros objetivos límite. Te ayuda a adaptarte al miedo, organizarte y regular los procesos internos de tu cuerpo y mente, regular las relaciones y sus límites. Cuando nos enfadamos con nuestra pareja o nuestros hijos, la intención es llamar su atención, que nos tenga en cuenta para que lo rectifique y cambie su conducta hacia lo que nosotros pensamos que debe de ser. En ocasiones es necesario mostrar el enfado, sin llegar a la agresión, por supuesto. Utilizarlo para conseguir que se cumplan las normas, pero no es lo más adecuado.

"Cuando crees que no puedes conseguir las metas, no ajustes las metas, ajusta los pasos para lograrlo". Confucio"

ROL: COMBATIR LA DESVALORACIÓN

La desvaloración te habla a través de palabras que te dicen que no eres capaz, te impide ver todo tu potencial, te enfoca en lo que consideras tus defectos y no en tus virtudes. Te quita valor y consideración. Es esa sensación de que no eres apto o capaz de realizar algo o de tomar una decisión. A la desvaloración se

10. El lenguaje de la mente

une la inseguridad, el compromiso con uno mismo, el sentimiento de inferioridad, el miedo, el enfoque en lo negativo y el autocastigo. Te dice «No resulto interesante. No soy suficiente bueno. No me quiere, está conmigo por pena. Soy un desastre, cómo me va a aceptar». Intentas justificar esa emoción dolorosa. Habitualmente va acompañada de una sensación de vergüenza y humillación. En la desvalorización tu villana te dice que no vas a cumplir con las expectativas del otro, que no vales lo suficiente. No mereces el amor y te hace aceptar relaciones en ocasiones tóxicas. Esta villana te hace pensar que el otro se dará cuenta de que no eres como el otro había pensado, y tú mismo terminas haciendo un agujero donde esconder tus defectos ante los demás, te haces pequeño, languideces en un segundo plano ocultando a los héroes y heroínas que hay en ti. Te hace sentir el síndrome del "impostor", que no sabes o no eres merecedor de tu posición, que no sabes lo suficiente. Se manifiesta bien no haciendo nada, te dice "no lo intentes que no lo vas a lograr, todos se darán cuenta de que no sirves" o haciendo todo para ser reconocido por otros como aptos, ya que ellos mismos no pueden hacerlo.

Cómo detectarla

Es necesaria la "atención consciente". Las señales de esta villana son más sutiles y te puede confundir con la arrogancia o incluso con la humildad, cuando en realidad lo que existe es un diálogo de desvalorización total. ¿Te has vuelto súper complaciente? ¿Estás siempre pendiente de los deseos de otros? ¿Postergas lo que es importante para ti para cumplir con los otros? No son más que tácticas para no sentirte bien, para decirte que eres bueno, pero en realidad están mermando tu valoración personal. Esta villana cuando se prolonga en el tiempo provoca enfermedades como la fibromialgia. Si todos te parecen mejor que tú, si no encuentras tus fortalezas, si necesitas un reconocimiento constante para autoafirmarte posiblemente esta villana se haya instalado en tu cabeza.

Observa si te has convertido en un "dador" esa persona que siempre está ahí para ayudar pero que no es valorada, y cuando se da cuenta termina por confirmar su propia desvalorización. Si estás en el otro no estás en ti, está bien compartir, pero no dejarte de lado a cualquier precio. Esto genera expectativas que cuando no se logran generan todavía más estrés y frustración. Esta villana también te puede convertir en un "pobrecito" siempre con la queja esperando que los otros te digan lo maravilloso que eres, esta actitud termina cansando y generando rechazo, el efecto totalmente contrario al que se desea. La inseguridad que te crea no sentirte aceptado ni por ti ni por tu entorno se puede convertir en una frustración constante. No podría haber inseguridad, desvalorización y miedo sin culpa. Ese pensamiento reiterado de lo que tendrías que haber hecho y no hiciste. "Tendría que haber hecho. Tendría que haberle dicho. Como soy tan inútil que no lo hago... Si hubiese elegido el otro trabajo ahora estaría ganando más" y así en un constante ciclo de pensamientos reiterados. Todo esto te lleva a la ansiedad y aumentar más las dudas sobre ti mismo.

La parte positiva de la desvalorización: Sirve de mecanismo de defensa para tapar las heridas. Te puede hacer sacar fuerzas de donde no tienes para protegerte frente a los demás. Te hace mostrarte como no eres para la contienda. Este era su papel evolutivo, así que si sabes cómo despertar el lado positivo hasta la desvalorización, se puede convertir en tu aliada. El autorespeto te recuerda quién eres de verdad, no necesitas comparaciones, tú ya eres único e irrepetible, solo te hace falta

10. El lenguaje de la mente

un poco de autoestima en tu diálogo para poner al villano de la autocompasión en su lugar.

Recursos para despertar tu autoestima: Intenta cambiar el tono de tu voz interior, te ayudará a sentirte mejor y expresarte con mayor seguridad ante los demás. Utiliza un tono amable, constructivo y vital. Escribe un diario con cartas cortas donde vayas soltando sentimientos, emociones, pon en orden tus ideas y tus deseos y prioridades. Ten siempre a mano una buena colección de música, listado de palabras positivas y mantras que te ayuden a reconectar con tu parte más optimista.

Hasta aquí un resumen de los principales combates que tendrás que librar para lograr tu mejor versión y no olvides trabajar tus
"Habilidades para el éxito"
Lo imprescindible que debes aprender para desarrollar tus habilidades empresariales y dar tu mejor versión las puedes encontrar en los Saberes de Liderapia (La Terapia de los Líderes del S.XXI):
• Motivación, aunque te digan que no, cree en ti mismo.
• Perseverancia, céntrate en tu objetivo, escríbelo, defínelo, tenlo presente no importa el camino adáptate, importa el resultado.
• Adaptación, adáptate a los cambios, a los imprevistos, nada es cómo lo habías planeado para eso está la Ley de Murphy, la adaptación nos hace sobrevivir y evolucionar.
• Enfócate en lo que de verdad es importante y no pierdas el norte.
• Conecta. Busca las personas adecuadas para lograr tus objetivos, aprende a comunicar y conectar con los demás. Ya sabes que la comunicación inicia en el "Lenguaje de la Mente".

- Prioriza. Sé dueño de tu tiempo, sin un sueño claro otros se apropiarán de tu tiempo y de tus sueños. Vende sin vender…

Como comenta Carlos la confianza es el primer paso para abrir una relación comercial y tu confianza inicia por tu pensamiento.

¿Te atreves al cambio?